ERLÄUTERUNGEN UND DOKUMENTE

Gustave Flaubert
Madame Bovary

Von
Thomas Degering

Philipp Reclam jun. Stuttgart

Gustave Flauberts *Madame Bovary* liegt in der Übersetzung von Ilse Perker und Ernst Sander unter Nr. 5666 in Reclams Universal-Bibliothek vor. Auf diese Ausgabe beziehen sich die Seiten- und Zeilenangaben und die Verweise.

RECLAMS UNIVERSAL-BIBLIOTHEK Nr. 16057

Gesamtherstellung: Reclam, Ditzingen. Printed in Germany 2007
RECLAM, UNIVERSAL-BIBLIOTHEK und
RECLAMS UNIVERSAL-BIBLIOTHEK sind eingetragene Marken
der Philipp Reclam jun. GmbH & Co., Stuttgart
ISBN 978-3-15-016057-2

www.reclam.de

Inhalt

Gustave Flaubert
(Foto von Nadar, um 1865)

I. Kommentar, Wort- und Sacherläuterungen

[Titel] Der komplette Romantitel *Madame Bovary. Sittenbild aus der Provinz* (*Madame Bovary. Mœurs de Province*) soll ein Programm ausdrücken, insofern der Unter- den Obertitel konkretisiert und das übergeordnete Romanthema angibt: in *Madame Bovary* geht es, auch nach Flauberts Aussage, um »die bürgerlichen Sitten« (an Louis Bonenfant, 12. Dezember 1856; *Briefe*, S. 352) in der Provinz – *und* um das Leben einer Madame Bovary (s. III). Bezeichnend und ironisch war es, dass sich der »Bovary-Prozess« in gewisser Hinsicht gerade auf den Untertitel bezog: er erfolgte »pour atteinte aux bonnes mœurs et à la religion« (*M. B.* Neefs, S. 560; s. auch II,4, II,5). – Es mag sein, dass der Untertitel von Balzac angeregt war, der seine *Comédie humaine*-Romane unter drei ›Ober-Sammel-Titeln‹ subsumierte, deren erster die *Études de mœurs* waren, die als eine ihrer Unter-Abteilungen die *Scènes de la vie de province* enthielten; Flaubert hätte dann Balzacs »mœurs« und »province« gekoppelt. – Wie er selber sollten übrigens auch Bouvard und Pécuchet, Flauberts letzte komisch-kritische Geistes-›Helden‹, laut Plan noch vor Gericht gestellt werden – unter dem Vorwurf, »die Religion und die öffentliche Ordnung angegriffen, zur Revolte aufgehetzt zu haben und so weiter« (*Bouvard und Pécuchet*, S. 369).
Einer verbreiteten Anekdote Maxime Du Camps zufolge, den er während seines abgebrochenen Jurastudiums in Paris kennenlernte und der dann als einer der Verantwortlichen den Roman-Vorabdruck in der *Revue de Paris* leitete, fiel Flaubert der Name seiner Titelheldin während ihrer gemeinsamen Orientreise (1849–51) »am Nil« ein. »Ich werde sie Emma Bovary nennen!«, soll er eines Tages ausgerufen haben. Allerdings hatte sich Flaubert auf dieser Reise noch gar nicht für sein Sujet

entschieden (vgl. *Briefe*, S. 159f., an L. Bouilhet, 14. November 1850); weshalb Du Camp auch noch Mitte 1851 anfragte: »Hast Du Dich für etwas entschieden? Ist es immer noch der *Don Juan*? Ist es die hübsche Geschichte der Madame Delamarre?« (zit. nach: Lottman, S. 137) – womit er die zu *Madame Bovary* werdende »Zeitungs«-Tragödie des Arztehepaares Delamare meinte. Flaubert sagte später, Bovary sei »ein Name, den ich erfunden habe, indem ich den Namen Bouvaret deformierte« (an Madame Hortense Cornu, 20. März 1870; *Briefe*, S. 571). So hieß ein Hotelier in Kairo. Natürlich hatte er seine Gründe für die »Deformierung« gerade dieses Namens. »Bovary« leitet sich etymologisch von lat. *bovarius* ›Rinder-‹, frz. *bovin* ›Rind‹, engl. *bovine* ›dumm‹, ›Rind‹ ab. Statt auf Charles Bovary, wie stets nachweislos behauptet wird (z.B. bei du Plessix Gray, S. 354: »Charles Bovary ist ein schwerfälliger und stumpfer [*bovin*] Mann«), spielt der Titel vermutlich auf das übergeordnete bourgeoise Romanthema bzw. »den«, für Flaubert klassenneutralen, »Bourgeois« an, von dem *Madame Bovary* wesentlich handelt. »Wo ist der Bürger gigantischer gewesen als jetzt?«, schreibt er (4. September 1850) aus Damaskus wie programmatisch an Louis Bouilhet. »Was ist der von Molière dagegen? Herr Jourdain reicht dem erstbesten Kaufmann, dem man auf der Straße begegnet, nicht bis zum Absatz. Und die neidische Visage des Proletariers? und der junge Mann, der sich vorwärtsdrängelt? und der Beamte! und alles, was im Hirn der Dummköpfe gärt, und alles, was im Herzen der Halunken kocht!« (*Briefe*, S. 154). Ein anderes Orient-Dokument, auch vom September 1850, stützt die These: »Der französische Konsul, Monsieur Vabeyène, ein feister Reaktionär, aufgedunsen, schwer und plump, glaubt in dieser Welt an nichts anderes als an Rindfleisch, spricht über nichts anderes als über Rindfleisch und materielles

Wohlergehen, bewundert sehr Louis-Philippe ...« (*Reise in den Orient*, S. 284). – In *Bova-ry* steckt neben »bovin« (das Rind ist noch heute erstes Nutztier der Normandie) »Ry«: das reale Dorf des Delamare-Dramas (II,2).
Flaubert widmete *Madame Bovary* seinem Schulfreund Bouilhet (1822–69), einem Dichter und Lehrer in Rouen, der den Schreibprozess des Romans beratend mitgestaltete (s. II,3). Über die Widmung stellte er 1857 in der Buchausgabe einen Dank an seinen Anwalt Sénard, der ihm im Prozess den Freispruch erwirkte (s. II,5, II,6).

Erster Teil, Kapitel I

3,3 *Wir hatten Arbeitsstunde:* Diesen ersten Romansatz fügte Flaubert in Abänderung eines anderen Anfangs erst ganz zum Schluss ins Manuskript ein (vgl. II,4). Der »Wir«-Erzähler tritt hier nur aus dramaturgischen Gründen auf. Er verschwindet noch im ersten Kapitel und weicht einem (weitgehend) unpersönlichen Erzähler. Der ursprüngliche Anfangssatz von *Madame Bovary* lautete: »Die Schuluhr hatte gerade halb zwei geläutet, als der Direktor den Arbeitssaal betrat« (*M. B.* Neefs, S. 55, Anm. 1; Übers. Th. D.).

3,3–32,8 Während der ersten Romankapitel glaubt der Leser (und soll es glauben), es werde statt Madame Bovarys eigentlich *Charles* Bovarys Leben erzählt. Dessen Lebensdrama, das hinter dem spektakuläreren Emmas abläuft, scheint so das entscheidendere von beiden zu sein (s. auch Dritter Teil, Kap. IX–XI).

3,5 *Pedell:* veraltet für: Hausmeister einer Schule.

3,22–28 *seine grüne Tuchjacke ... schwarzen Knöpfen ... blaubestrumpften Beine ... gelblichen ... Hose:* Farben spielen im Roman (wie Zahlen, Dinge, Naturbeschreibungen und sämtliche scheinbar bloß realistische Details) eine kalkülhafte, vom Ende her zu deutende Rolle und sollen das Lesen psychologisch-ästhetisch manipulieren. »Der Leser wird die ganze hinter der Form verborgene psychologische Arbeit nicht gewahr werden [...], doch er wird ihre Wirkung spüren« (an L. Colet, 2. Januar 1854, S. 886f.). Sie sind nicht nur realistisch aufgetragen, sondern untermalen die Handlung, wobei jede etwas aussagt und z. T. eine Entwicklung durchläuft. Zentral sind in *Madame Bovary* die Farben Blau (»Romantik«), Gelb (»Erotik/Liebe«), Schwarz/Weiß (»Tod«), Grau (»Wirklichkeit/Geld«) und eben Grün (vgl. Lietz). Zur Farbe Grün siehe – u. a. – auch Anm. zu 405,5–7. »Wir dürfen an diese hinter- und untergründigen Elemente in Flauberts Darstellungskunst sehr wohl glauben, da er im Gegensatz zu einem Balzac [...] an jedem Detail auf jeder Seite tage- und wochenlang feilte« (Endress, S. 84). Flaubert ist in Frankreich nur in *einer* Hinsicht, nämlich als unromantischer ›Realist‹, der Nachfolger Balzacs, wobei er für sich den Realismus (und Naturalismus) des 19. Jh.s krass ablehnte. »Beachten Sie, daß ich das verabscheue, was man gemeinhin den *Realismus* nennt, wenngleich man mich auch zu einem seiner Päpste macht« (an G. Sand, 6. Februar 1875, S. 515). In der Hauptsache ist er der Begründer des poetischen Realismus. (Diesbezüglich folgt ihm in Deutschland Fontane, dessen *E*m-ma *B*ovary-Nachfolgeroman *Ef-fi B-riest* nach Flauberts Poetik funktioniert und dies im Titel anzudeuten scheint.) *Madame Bovary*, von Flaubert definiert als eine »unter ihrem einfachen Äußeren so komplizierte Maschine« (an L. Colet, 26. Oktober 1852, S. 541), muss als zugleich realistischer wie extrem künstlicher Roman gelesen werden. Auch das meinte Maupassant 1884 mit seiner Aussage: »Das Erscheinen von *Madame Bovary* war eine Revolution in der Literatur« (Maupassant, 1884, S. 336).

4,3 *um zwei Uhr:* Die Zahl »Zwei« durchzieht, als eines von vielen Leitmotiven, *Madame Bovary* kontinuierlich (s. IV,2) – ebenso wie dies in abgeschwächtem Maß auf die Zahl »Drei« zutrifft.

4,7 *unsere Mütze:* Mützen sind ein weiteres zentrales Leitmotiv des Romans: sie symbolisieren Dummheit, Beschränktheit – oder Blindheit. Die Schulklasse, die Charles empfängt, zeichnet sich durch Bemützung und hämische Dummheit aus. Doch auch der Lehrer trägt eine Kappe (6,11).

4,18 *Tschapka:* (poln.) zylinderartige militärische Mütze mit flachem, viereckigem Deckel als Abschluss, die zuerst von den polnischen Lanzenreitern und später auch von den Ulanen anderer Heere getragen wurde (vgl. Anm. zu 5,3).

4,29 *Litzenstickerei:* Litzen dienten zum Schmücken und Verzieren einer Uniform oder eines weiblichen Kleidungsstücks.

5,3 *»Leg doch deinen Helm weg«:* Charles' skurrile, hässliche, zugleich traurige Mütze beleuchtet nicht nur sein Wesen, sondern determiniert es gleichzeitig. »Das Äußere hat so großen Einfluss auf das Innere! Es ist der Helm, der den Kopf formt« (an L. Colet, 14. Juni 1853, S. 711).

5,24 *crescendo:* (ital.) in der Musik: anschwellend.

5,25 f. (*es wurde … getrampelt … Charbovari!*): Die Klasse, die Charles' Namen mit Getrampel und Gebrüll wiederholt, erinnert deutlich an eine Rinderherde. Flaubert überträgt die Assoziationen des Namens »Bovary« hier auf sie.

6,8 *»Quos ego«:* (lat.) »Ich will Euch …« – Drohung Neptuns in Vergils *Äneis* an die Adresse der tobenden Winde.

6,12 f. *›ridiculus sum‹:* (lat.) »ich bin lächerlich«.

6,37 *Gymnasium:* Dem Rouener *Gymnasium* (10,32 f.), in das Charles kommt, diente vielleicht das Collège royal (heute das Lycée Corneille) zum Vorbild. In diesem Internat war Flaubert 1832–37 »interner«, dann »externer« Schüler. 1839 flog er wegen Anzettelung eines Krawalls von der Schule.

7,2 *Bataillons-Wundarzt:* früher: Hilfs-Chirurg in der Armee.

7,2f. *um 1812 bei Aushebungen:* »1812« ist eine von zwei Jahreszahlen, die im Roman genannt werden (vgl. IV,3). Gemeint sind die Aushebungen für den Russland-Feldzug Napoléons I. Im Juni 1812 fiel Napoléon mit 610000 Mann in Russland ein, unter ihnen auch (zwangsweise) Deutsche, Polen, Litauer, Italiener, Schweizer, Spanier. Nach dem verlustreichen Sieg bei Borodino und dem Brand von Moskau erfolgte der Rückzug, der in einer Auflösung des französischen Heeres endete. Von der »Großen Armee« überlebten nur wenige 10000 Mann den Feldzug. Napoléon jagte verkleidet in einem Schlitten nach Paris, um eine neue Armee aufzustellen.

Aushebung: Einberufung zum Heeresdienst, in Frankreich zu dieser Zeit per Los. Möglich war auch der Freikauf.

7,6f. *sechzigtausend Francs:* Ende des 20. Jh.s entsprachen dieser Summe ca. 150000 Francs (*M. B.* Neefs, S. 59, Anm. 2); heute etwa 150000 Euro.

7,8 *Tochter eines Hutfabrikanten:* Vgl. die Mützen-Symbolik.

7,26 *Zider:* auch: Cidre, französischer Apfelwein, s. Anm. zu 35,25f.

7,32–34 *in einem Dorf des Grenzgebietes der Landschaft Caux und der Picardie:* (Pays de) Caux: Landschaft in der Ostnormandie. Picardie: vgl. Anm. zu 86,7. Aus späteren Angaben wird ersichtlich, dass es sich vielleicht um ein Dorf in der Nähe von Aumale handelt, in dessen Umkreis Charles' Vater nach seinem Tod ein Haus hinterlässt, das wohl zu dem von ihm vorübergehend bewirtschafteten (vgl. 7,22) *kleinen Bauernhof* gehörte (vgl. 335,24–26).

8,2 *fortan in Frieden zu leben:* Auf der Kopie/Abschrift des »Endmanuskripts« von *Madame Bovary* für den Erstabdruck in der *Revue de Paris* (vgl. II,4) finden sich etliche Passagen, die Flaubert nach Anfertigung der Abschrift durch die Kopisten noch entfernte (vgl. *M. B.* Neefs, S. 511–539, sowie II,4) – die aber trotzdem sehr interessant sind. Viele dieser »Repentirs« sind in der Übersetzung des Romans von Caroline Vollmann (München: Piper, 2005) im Anhang S. 489–506 abgedruckt. Die erste von Flaubert freiwillig gestrichene Textstelle – über Vater Bovary – folgte im Manuskript an dieser Stelle. »Er zerstritt sich mit seinen Nachbarn, führte zahllose Prozesse und wurde häufig vor Gericht geladen, wo er wortreich redete, was ihm den Ruf eintrug, ein geistreicher Mann zu sein. Aus Langeweile abonnierte er drei Zeitungen, begann zu trinken und wurde Republikaner. Seine Mätressen hatten ihn verdorben; er wurde zum Haustyrannen« (ebd., S. 489).

8,18 *Präsidenten:* hier: Gerichtspräsident.

8,18 f. *Wechsel … Prolongationen:* Prolongation: (lat.) Verlängerung einer Frist, besonders einer Kreditfrist, Aufschub.

8,26 *Als sie ein Kind bekam:* Flaubert belässt es im Unklaren, wann und wo Charles geboren wird. Gemäß der inneren Zeit des Romans müsste er um 1813 zur Welt kommen, ein Jahr nach der Heirat seines Vaters, denn mit 15 (3,18) (etwa um 1828) wird er aufs Gymnasium in Rouen gebracht (vgl. IV,3). Doch wäre er dann wahrscheinlich auch in Rouen geboren (vgl. 7), ehe sein Vater sich »aufs Land zurückzog«, um anschließend in jenem Dorf ohne Namen ein Haus zu mieten. Hier wächst Charles auf, nachdem er eine unbestimmte Zeit nach der Geburt »zu einer Amme gegeben« wurde. Im Roman entsteht der Glaube, Charles sei auch hier geboren, aber dies kann aus zeitlichen Gründen nicht sein. (Dunkel bleibt, wie er von Rouen in dieses Dorf *des Grenzgebiets* »zu Fuß« hat gehen können, vgl. 13,31.) – Die verschwommene Gesichtslosigkeit von Charles' Geburtsort entspricht seinem subjekt- und identitätslosen Wesen.

9,30 *»Himmel und Hölle«:* »La Marelle«, Kinderspiel. Charles spielt ein Spiel, das auf sein Leben mit Emma vorausdeutet.

10,6 *Sakristei:* Kirchenraum für den Geistlichen und die gottesdienstlichen Geräte.

10,8 *Angelus:* das mit den Worten »Angelus Domini nuntiavit Mariae« beginnende katholische Dankgebet für Christi Menschwerdung, verrichtet morgens, mittags und abends beim Glockenzeichen.

10,33 *Rouen:* Hauptstadt des Départements Seine-Maritime.

10,35 *des Sankt Romanus-Jahrmarkts:* Noch heute jährlich am 23. Oktober in Rouen abgehalten, urspr. zu Ehren des heiligen Romanus, Bischof in Rouen im 7. Jh.

11,3 *Refektorium:* eigtl. Speisesaal im Kloster, hier Schul-Speisesaal.

11,3 f. *und im Refektorium tüchtig zulangte:* Hier schloss sich auf der Kopie eine weitere, letztlich von Flaubert gestrichene Passage an, dieses Mal über Charles: »Wie wenig glich er uns andern allen. Er wünschte nicht den Brand der Schule herbei, sagte *Monsieur*, wenn er vom *Aufpasser* sprach, und beschwerte sich nicht die ganze Zeit über das Essen« (*M. B.* Vollmann, S. 489).

11,11 *drei Siegeloblaten:* Die Zahl »Drei« kommt überwiegend, doch nicht allein im unmittelbaren Kontext von Emma und Charles vor und könnte einen tieferen Grund in Charles' späterer Bestimmung haben, dass Emmas Leiche in *drei Särge* (405,3 f.) gelegt werden solle. Sie könnte aber ebenso mit der Trikolore zusammenhängen (vgl. Anm. zu 90,1 f.).

11,13 *»Anacharsis«:* Werk von Jean-Jacques Barthélemy (1716–95). *Die Reise des jungen Anacharsis in Griechenland*, publiziert 1779, gehörte im 19. Jh. an französischen Schulen zur Pflichtlektüre.

11,26 *die Eau-de-Robec:* Name einer alten, noch existenten Straße in Rouen, die entlang des gleichnamigen Flusses verlief. Durch ihn flossen die Abwässer der Färbereien.

11,33 f. *nun er ganz sich selbst überlassen sei:* Hier folgte eine lange, ebenfalls Charles beleuchtende, aber von Flaubert dann auf der »Abschrift« noch weggekürzte Passage.

12,4 *Etymologien:* Die Etymologie befasst sich mit Ursprung und Geschichte der Wörter.

12,11 f. *Göpelwerk:* Göpel: alte Drehvorrichtung zum Antrieb von Arbeitsmaschinen durch im Kreis gehende Menschen oder Tiere.

12,20 *ins Krankenhaus:* Flaubert, geboren und aufgewachsen im Rouener Hôtel-Dieu, wo sein Vater Chefchirurg war, folglich »in den Kulissen von Äskulap erzogen« (an L. Colet, 2. Mai 1852, S. 414), kannte sich im Gegensatz zu Charles, dessen »wirkliche« Vorlage Eugène Delamare ein Schüler seines Vaters war (vgl. II,2), in der Medizin gut aus. Es liegt nicht fern, dass er schon im Krankenhaus instinktiv sein poetisches Programm entwickelte – d. h. »jenen ärztlichen Blick auf das Leben, jene Sichtweise des Wahren eben, die das einzige Mittel ist, große Gefühlseffekte zu bewirken« (ebd., 24. April 1852, S. 408).

12,35 *Baumwolldocken:* zusammengedrehte Garnstränge.

13,23 *Couplets:* (frz.) heiter-satirische Lieder.

13,25 *Béranger:* Pierre-Jean de Béranger (1780–1857), volkstümlicher französischer Liederdichter; 1848 republikanischer Abgeordneter. In seinen politischen Liedern feierte er Napoléon I. als Volkskaiser und verspottete Adel, Klerus und die Restaurationsregierung. Er erlangte große Popularität über die Grenzen Frankreichs hinaus.

13,25f. *und lernte schließlich die Liebe kennen:* Im Anschluss hieran gab es noch eine auf der *Revue*-Kopie von Flaubert getilgte aufschlussreiche Ausführung über Charles, seine harmlosen Ausschweifungen und seine harte Erziehung.

13,28 *Arzt zweiter Klasse:* dieser, der Charles dann im *zweiten* Anlauf wird (14,4–8), war im 19. Jh. in Frankreich ein Arzt, der ohne abgeschlossene Gymnasialzeit drei Jahre Medizin studierte und dann titelloser »officier de santé« wurde. Er durfte nur in einem Département praktizieren und keine großen Operationen allein durchführen (vgl. die »Klumpfußoperation« im Zweiten Teil, Kap. XI).

14,10 *Tostes:* Dieses Dorf, erste Kulisse der Ehe von Charles und Emma, liegt innerhalb der Romanfiktion in einem geographisch nicht näher bezeichneten, toten Raum. In Wirklichkeit handelt es sich um den Ort *Tôtes*, gelegen ca. 28 Kilometer (Luftlinie) südlich von Dieppe im damaligen Département Seine-Inférieure. Verwirrender Umstand ist, dass es auch ein reales Tostes gibt, zu finden ca. 46 km südlich vom fiktiven Tostes. (Außerdem existiert noch ein zweites Tôtes, 26 km südwestlich von Lisieux.) Flaubert geht bei seinen in *Madame Bovary* gemachten Ortsangaben teils realistisch, teils fiktiv vor, wobei er entweder reale Orte an geographisch ›richtiger‹ Stelle benennt, reale Orte nennt, diese aber geographisch ›verschiebt‹, reale Orte mit fiktiven vertauscht oder vermischt, reale Orte in ihrem Namen leicht abwandelt, Orte erfindet oder sonst irreführende Angaben macht – mit dem Ziel, genaue Festlegungen unmöglich zu machen. Er suchte immer sehr lange nach poetisch passenden Wohnorten für seine Figuren. Denjenigen für Bouvard und Pécuchet charakterisierte er in diesem Sinne so: »ein dummer Ort auf einem stupiden

Lithographie von Tôtes (1838)

Plateau inmitten einer schönen Gegend« (an G. Sand, S. 466). Tostes wie Yonville sind ebenfalls zwei »dumme Orte«, aber in stupiden bzw. charakterlosen Gegenden (vgl. u. a. 73,15 f., 86,6–14); Tostes ist ein »dummer Ort« auf der Hochebene von Caux (56).

14,20 *Dieppe:* normannische Küstenstadt, ältestes Seebad Frankreichs (vgl. auch Anm. zu 19,16).

14,21 *Rente von zwölfhundert Francs:* Ende des 20. Jh.s rund 30 000 Francs (vgl. *M. B.* Neefs, S. 67, Anm. 1); heute rund 3000 Euro.

Kapitel II

15,33 f. *Madame … zeigte den Rücken:* Die *Revue de Paris* strich über Flauberts eigene »Repentirs« hinaus auf der ihr gegebenen Kopie/Abschrift zahllose weitere Textstellen – so auch diese. Viele dieser Eingriffe konnte Flaubert noch vor dem Abdruck wieder rückgängig machen (vgl. *M. B.* Neefs, S. 511, sowie S. 68, Anm. 3). Motiv der leitenden Redakteure Pichat und Du Camp war keineswegs nur Angst vor der Zensur, sondern die Absicht, den Roman von »Unnützem« zu »befreien« (vgl. II,4). Man nahm auch Streichungen vor, die *nicht* mehr revidiert wurden (vgl. ebd., S. 511 f.; vgl. II,4). Fast alle hob Flaubert für die Buchausgabe auf (vgl. II,6).

16,3 *Les Bertaux:* Aus weiteren Roman-Angaben ist zu erschließen, dass das fiktive Les Bertaux im Pays de Caux unweit des realen Ortes St.-Victor-l'Abbaye in der östlichen Normandie anzusiedeln ist (vgl. auch 16,5–7, 17,7 ff., 38 f., 419,15 f.). In fast allen deutschen Übersetzungen von *Madame Bovary* bleibt unklar, dass es sich bei Les Bertaux offenbar um einen Weiler handelt, der jedenfalls auch über einen *Kirchhof* verfügt (413,23). In diesem Weiler liegt der große, wohlhabende Hof von Monsieur Rouault, Emmas Vater.

16,5 *sechs Meilen:* etwa 24 km. Flaubert verwendet in *Madame Bovary* bei den Entfernungsangaben die Vokabel »lieue«. Diese (historische) Meile repräsentiert eine andere Entfernungseinheit in Kilometern als die moderne.

16,6 *über Longueville und Saint-Victor:* Der so beschriebene sehr lange, umständliche Reitweg von Tostes nach Les Bertaux ist anhand heutiger Karten nicht mehr nachvollziehbar. Während St.-Victor-l'Abbaye östlich von Tostes in der Nähe von Vassonville liegt (38/39) – durch das Charles *am Ende* seiner Anfahrt kommt (17,7), ehe er über St.-Victor nach Les Bertaux gelangt –, ist Longueville relativ weit von Tostes entfernt.

16,13 *die Knicktore:* Knick: ein Begriff für Hecke.

16,26–32 *der blätterlosen Apfelbäume … reglose Vögel … im kalten Morgenwind … schwärzlich-violette Flecke auf dieser großen, grauen Fläche … trübe Farbe des*

Himmels: Die Natur hat in *Madame Bovary* oft die Funktion, einen Kontra-Kommentar zu Ereignissen oder dem Handeln, Denken, Fühlen der Personen zu geben. So führt Charles' erster Weg zu Emma (in sein vermeintliches Lebensglück – in Wahrheit in seine Lebenskatastrophe) durch eine leblose, grau-schwarze, kalte, trübe Natur. Als er stirbt, zeigt sich die Natur im Gegensatz hierzu warm und heiter – und wirft ein emotional-positives Licht auf Charles (vgl. 430,21–28).

17,3–6 *Der warme Geruch … und seine Frau schlafen …:* Diese Passage strich die *Revue de Paris* auf der Kopie; Flaubert machte die Streichung wieder rückgängig (vgl. *M. B.* Neefs, S. 70, Anm. 1).

17,16 *Dreikönigsfest:* 6. Januar.

17,26 f. *Als er in Les Bertaux einritt, scheute sein Pferd und vollführte einen großen Satz:* Auch dieser Satz wurde von der *Revue* gestrichen, aber von Flaubert wieder in den Text eingesetzt (vgl. *M. B.* Neefs, S. 70, Anm. 2).

17,35 *der Landschaft Caux:* das Pays de Caux, Emmas Heimat – begrenzt vom Mündungsgebiet der Seine, dem Ärmelkanal und dem Bresle-Tal. Gehöfte wie das in Les Bertaux, oasengleiche komplexe Anlagen mit großem Tor, gibt es heute noch.

18,2 *Kummeten:* Kummet: gepolsterter Halsbügel bei Zugtieren.

18,8 *Eine junge Frau:* Emmas Alter zu diesem Zeitpunkt (vielleicht 17) lässt Flaubert offen. Charles dürfte etwa 24 Jahre alt sein. Es ist das Jahr 1837 (vgl. IV,3) und Emmas Mutter seit zwei Jahren tot (vgl. 17,17), zu dieser Zeit war Emma noch im Kloster und ca. 15 Jahre alt. Wie lange sie danach in Les Bertaux lebt, bleibt offen (vgl. 49).

18,9 *blauen Merinokleid:* Merino: in Spanien gezüchtetes Schaf, dessen Wolle Anfang des 19. Jh.s in Frankreich ein teurer, begehrter Stoff war. *Blau* verweist auf Emmas Romantizismus (vgl. auch 16,1 und viele weitere Romanstellen). Doch diese Farbe wandelt sich im Romanverlauf zur Todesfarbe. So wird sich das Arsen bei Homais in einem blauen Glasgefäß befinden (388,28).

19,16 *Elfenbeinschnitzereien in Dieppe:* Dieppe war im 17. und 18. Jh. für seine Elfenbeinschnitzereien bekannt. Aus Dieppe stammt auch Charles' erste Frau, die Witwe Dubuc (14,20). Dieppe spielt abermals eine Rolle, wenn Félicité, Emmas Dienstmädchen in Yonville, ihre Herrin mit der depressiven Tochter eines Fischers in Le Pollet vergleicht, »den ich in Dieppe kennengelernt habe, ehe ich zu Ihnen ins Haus kam«. Die Krankheit dieses Mädchens war »wie ein Nebel, den sie im Kopf hatte« (135,10–15; vgl. Anm. zu 259,16).

19,31 *Iris:* Schwertlilie; mit blauen, gelben oder violetten großen Blüten (vgl. Anm. zu 417,2f. und zu 430,21–28).

20,3 *ein Minervakopf:* Minerva: römische Göttin des Handwerks, der Weisheit, der Künste; (lat.) Bezeichnung der Athene.

20,25 *ein Schildpattlorgnon:* Schildpatt: Hornplatte einer Seeschildkröte; Lorgnon: Stieleinglas, Stielbrille.

21,6 *Ochsenziemer:* Gemeint ist Charles' Reitgerte.

21,19 *Yvetot:* Marktstadt, gelegen 22 km südwestlich von Tostes bzw. Tôtes (vgl. Anm. zu 35,33).

22,23 *Moiré:* (frz.) Gewebe mit geflammtem Muster.

22,31 *Ursulinerinnen:* Angehörige eines katholischen Ordens, benannt nach der Märtyrerin Ursula.

22,34 *Gobelinstickerei:* Gobelin: (frz.) Wandteppich mit eingewirkten Bildern.

24,12 *Ingouville:* rund 30 km (Luftlinie) nordwestlich von Tostes bzw. Tôtes in Küstennähe.

24,15f. *sechstausend Francs:* rund 15000 Euro.

25,8 *des Alkovens:* (arab./span./frz.) früher: Bettnische, Bettraum.

Kapitel III

27,35 *eine Flasche Curaçao:* ein *blau*farbener Likör, hergestellt auf der Basis von bitteren Orangen. Beim Einzug Emmas in Tostes findet sie im Schlafzimmer den Hochzeitsstrauß ihrer toten Vorgängerin, einen *Orangenblütenstrauß* (40,31). Auch ihr eigener, den sie dann ins Feuer werfen wird, besteht aus *Orangenknospen* (84,25). Orangenblüten waren ein Symbol der Keuschheit und Reinheit.

30,10 f. *eine Schwäche für Zider:* Vgl. Anm. zu 35,25 f.

30,12 *mit Calvados:* (frz.) ein Apfelbranntwein, hergestellt aus vergorenem Apfelsaft. Die Normandie ist ein traditionelles Apfelanbaugebiet und das Geburtsland des Calvados.

30,25 f. *zweiundzwanzig Morgen:* Morgen: altes Feldmaß, urspr. das Stück Land, das ein Gespann an einem Morgen pflügen konnte.

30,31 *Michaelistag:* der 29. September.

32,12 f. *Es sollte … ein Hochzeitsfest mit dreiundvierzig Gästen geben:* Die Zahl »43« erinnert an die Zahl »49«: 49 Minuten beraten Emma und ihr Vater über Charles' Antrag (31,23–25). Vor allem aber korrespondiert die »43« exakt mit jenen 43 Tagen, die Charles bei Emmas Krankheit in Yonville *nicht von ihrer Seite* weichen wird (259,18 f.). So werden die »Beratung« über Charles, die Hochzeit und die fast tödliche Krankheit Emmas psychologisch miteinander vernetzt.

Kapitel IV

32,19 *Kabrioletts:* Im 19. Jh. leichte zwei- oder vierrädrige Einspänner mit verstellbarem Verdeck. Bei Emmas und Charles' Hochzeit aber sind sie *alt* und *ohne Verdeck*.
Kremsern: Kremser: mehrsitzige, überdachte, an der Seite offene Wagen, die nach dem Berliner Fuhrunternehmer Hofrat Kremser benannt waren.

32,24 f. *zehn Meilen:* ca. 40 km – damals eine beträchtliche Entfernung.

32,25 f. *Goderville, Normanville und Cany:* »reale« normannische Ortschaften, z. T. noch weiter als 40 km von Les Bertaux entfernt.

34,4 *Kürasse:* Kürass: (frz.) Brustharnisch.

34,28 *Haferrispen:* Rispe: Blütenstand.

35,14 *Kolophonium:* ein Harzprodukt, das seinen Namen von der altgriechischen Stadt Kolophon hat. Es wurde u. a. als Bogenharz für Streichinstrumente benutzt, fand aber ebenso bei der Produktion von Klebstoffen und Seifen Verwendung.

35,25 f. *Der Zider:* Auch der Zider ist ein in *Madame Bovary* immer wiederkehrendes »Leitmotiv«, das seine ironische Basis vermutlich in dem (unveröffentlichten) Werk des Yonviller Apothekers Homais hat, einer *Denkschrift von mehr als zweiundsiebzig Seiten mit dem Titel: ›Vom Zider, seiner Fabrikation und seinen Wirkungen, nebst einigen neuen Betrachtungen dieses Themas als Anhang‹* (166,1–5), die stark an Mr. Pickwicks (nicht weniger bahnbrechende) Abhandlung *Forschungen über die Entstehung der Teiche von Hampstead nebst einigen Bemerkungen zur Theorie über die Stichlinge* erinnert (Ch. Dickens, *The Posthumous Papers of the Pickwick Club*, 1837).

35,33 *Konditor aus Yvetot:* »Yvetot«, zentraler Ort des Kalksteinplateaus des Pays de Caux (vgl. auch Anm. zu 21,19), ist für Flaubert ein für sein Romanthema typischer, weil öde-banaler Ort – ein Synonym für *province*. Er benennt ihn in einem Brief nicht zufällig als Beispiel für seine Literaturtheorie bzw. die Überzeugung, »daß es in der Literatur keine schönen Kunstsujets gibt und Yvetot demnach so gut wie Konstantinopel ist« (an L. Colet, 25. Juni 1853, S. 720). Die Hochzeitstorte von Emma und Charles kommt, der Farbe ihres Unterbaus zum Trotz (36,1), aus Yvetot – und nicht aus Konstantinopel, einer Flaubert-»Chiffre« für uneuropäische Nicht-Bürgerlichkeit. (Zu »Yvetot« vgl. auch 76,29 ff. und 421,25 f.) – *Madame Bovary* wird von einem unauffälligen Netz von Ortsnamen überzogen, die vornehmlich die Funktion haben, *vorzukommen*. Dies ist der Kunstgriff Flauberts, eine möglichst breite Verallgemeinerung der Geschehnisse und Personen des Romans, so etwas wie die Pauschalisierung seines Themas zu erreichen. Tostes und später Yonville sind quasi »überall« (vgl. Anm. zu 90,1 f. und III).

36,2 *Portikus:* (lat.) Säulenhalle.

36,6 *Engelwurzbonbons:* Engelwurz: eine Heilpflanze.

36,7 *kandierten Orangenschnitten:* Dieses Torten-Accessoire hat etwas mit dem erwähnten »Orangenmotiv« zu tun – und an dieser Textstelle vorerst mit den bitteren Ingredienzien des Curaçao (27,35). – kandieren: (arab.) Konservierung von Früchten mittels Zucker.

36,11 f. Das Detail der *Schokoladenschaukel* im »Komplex« der aufwendigen, trotzdem nur vordergründig romantischen Hochzeitstorte weist zurück auf Charles' erste Frau, die magere, prosaische, bürgerliche Witwe Dubuc: *Morgens mußte sie ihre Schokolade haben* (15,4).

36,16 *Pfropfenspiel:* Zu den Belustigungen dieser in Wirklichkeit un-romantischen Hochzeit (*Kraftübungen, Purzelbäume* schießen, *Karrenwagen mit den Schultern* hochheben, *saftige Witze*) gehört auch dieses Geschicklichkeitsspiel, bei dem man aus gewisser Entfernung einen mit Sousstücken belegten Pfropfen mittels einer Scheibe treffen muss (»jeu au bouchon«; vgl. 79,18).

37,22 *aus Saint-Victor Zigarren holen:* Vgl. 16,6.

37,33–38,9 *Am nächsten Morgen … das Brusttuch zerknitterte:* Diesen Absatz hatte die *Revue de Paris* gestrichen. Flaubert fügte ihn am Rand der Kopie mit einigen Änderungen wieder ein, so blieb er für den Vorabdruck bestehen. Staatsanwalt Pinard nahm im Prozess auf ihn Bezug (vgl. *M. B.* Neefs, S. 91, Anm. 2).

38,20–37 *der ersten Schwangerschaft seiner Frau … ihrer beider Sohn würde jetzt dreißig sein!:* Der Leser erfährt erst jetzt, dass Emma einen Bruder hatte, der wie ihre Mutter, allerdings vor sehr viel längerer Zeit als diese, starb. Am Romanende taucht der tote Bruder in der Erinnerung Vater Rouaults an die Verluste seines Lebens (*drei* Menschen) noch einmal auf (419,3–5).

Kapitel V

39,26f. *die Gardinen waren aus weißem Kattun:* Das allgegenwärtige »Baumwoll-Motiv« in *Madame Bovary* (vgl. bis hierher u. a. 12,35, 18,24) steht, zusammen mit der Farbe Weiß (Farbe des Arsenpulvers, 388,30), gleich am Beginn der Ehe von Charles und Emma. Es verweist schon hier auf die Baumwollspinnerei, in die ihre in Yonville geborene Tochter Berthe am Ende als Arbeiterin wird gehen müssen (vgl. 431,9f.).

39,29 *Stutzuhr:* kleine Standuhr.

39,30 *Hippokrateskopf:* Hippokrates: altgriechischer Arzt, auf den der »Hippokrateseid« zurückgeht.

39,34–40,1 *des »Medizinischen Lexikons«:* das *Dictionnaire des sciences médicales* (1812–22, 60 Bde.). Flaubert übernahm aus diesem Werk später viel Material zur Vorbereitung des (so komischen) Medizin-Kapitels in *Bouvard et Pécuchet* (vgl. *M. B.* Neefs, S. 93, Anm. 1).

40,2 *Broschur:* Papierumschlag gehefteter Druckschriften.

40,24 *stand ein gipserner Pfarrer und las sein Brevier:* Der gipserne Pfarrer im Garten von Tostes wird beim Umzug nach Yonville symbolisch aus dem Wagen fallen und *auf dem Straßenpflaster von Quincampoix in tausend Stücke* zerspringen (108,8f.). – Brevier: bei den vorgeschriebenen täglichen Stundengebeten benutztes amtliches, auf Latein abgefasstes Andachtsbuch der katholischen Geistlichen. Es enthält Psalmen, Hymnen,

Abschnitte aus der Bibel und den Schriften der Kirchenväter, außerdem diverse Gebetsformeln.

40,28 *Draperie:* Behang, arrangierter Faltenwurf.

Mahagonibett: Emmas und Charles' Ehebett macht im Roman eine erst ironische, dann tragische Metamorphose durch. Erst hat es seine Wiederholung in jenem Mahagonibett eines Rouener Hotels, in dem Emma und ihr zweiter Geliebter Léon den Ehebruch ausleben (vgl. 326,7). Zweitens wird auch ein Sarg *aus Mahagoni* (405,4) Emmas letztes Bett bilden.

40,31 *Orangenblütenstrauß:* In Frankreich und einigen anderen Ländern wurden keine Myrten, sondern Orangenblüten als Zeichen der Jungfräulichkeit insbesondere für den Brautkranz verwandt.

41,14 *Dogcart:* (engl.) offener zwei- oder vierrädriger Einspänner.

41,23–37 *Morgens im Bett ... seines halboffenen Hemds:* Die Passage wurde von den Redakteuren der *Revue de Paris* gestrichen, jedoch von Flaubert auf der Abschrift am Rande wieder eingefügt (vgl. *M. B.* Neefs, S. 95, Anm. 3).

42,20–43,2 *das Herz noch erfüllt von den Beglückungen der Nacht ... Jetzt jedoch ...:* Auch diese Passage strich die *Revue*, doch Flaubert konnte sie ebenfalls reaktivieren (vgl. *M. B.* Neefs, S. 96, Anm. 2).

42,36f. *seine Geliebte geworden wäre?:* Zunächst hatte Flaubert hier noch einen aufschlussreichen Satz über Charles vorgesehen, den er dann aber ausschloss: »Und was die traurigen Kreaturen betraf, die ihm zur Lust verholfen hatten, so fand er bei ihnen nur durch Unruhe getrübte Freuden, denn er hatte ein feinfühliges Herz und ein schüchternes Temperament« (*M. B.* Vollmann, S. 491).

Kapitel VI

43,27 *»Paul und Virginie«:* Bernardin de Saint-Pierre (1737–1814) schildert in seinem Roman *Paul et Virginie* (1788) vor der exotischen Kulisse der heutigen Mauritius-Insel die idyllische Liebe der Halbgeschwister Paul und Virginie, deren Heirat durch den Tod Virginies bei einem Schiffbruch vereitelt wird. Aus Gram über ihren Tod stirbt auch Paul. – Flauberts Inhaltsangabe dieser Literatur ist ironisch. Emma begegnet ihr (ähnlich wie Don Quijote seinen Ritterbüchern) identifikatorisch. – »Paul« und »Virginie« nennt Flaubert in *Un cœur simple* auch die unromantischen hochnäsigen Bürgerkinder Madame Aubins, der ›gnädigen‹ Dienstherrin der Magd Félicité (vgl. *Trois Contes*). Er dementiert die Antithetik von ›Romantik‹ und Bürgerlichkeit auch in der Psychologie Emmas, die beide Einstellungen vereint. Don Quijote ist, im Unterschied zu ihr, ›reiner‹, daher auch trauriger Romantiker.

44,2 f. *in einem Gasthof des Stadtviertels Saint-Gervais:* im Nordwesten Rouens.

44,5 *Geschichte der Mademoiselle de La Vallière:* Louise de La Beaume Le Blanc, Duchesse de La Vallière (1644–1710), einstige Mätresse Ludwigs XIV., die aus Kummer über ihre ›Abservierung‹ 1674 dem Karmeliterorden beitrat und sich ab da »Louise de La Miséricorde« nannte. Ihre Geschichte war Stoff zahlreicher Darstellungen.

44,14 *Refektorium:* Ein Refektorium gab es auch in Charles' Gymnasium (vgl. Anm. zu 11,3).

44,25 f. *die frommen, azurblau umrahmten Vignetten:* Hauptgeburtsort von Emmas ›Romantik‹ ist das Kloster, d. h. die dort empfangene Mischung derselben mit der Religion. – Vignetten: (frz.) kleine Verzierungen in Büchern.

44,32–45,2 *Wenn sie … süße Schauer:* Emmas halberotische Mädchen-Phantasien prangerte Staatsanwalt Pinard im Prozess als »lüstern« an (vgl. *M. B.* Neefs, S. 99, Anm. 1).

45,6 *»Reden« des Abbé Frayssinous:* Denis de Frayssinous (1765–1841) war der Hofprediger Ludwigs XVIII. Seine 1825 publizierten religiösen Vorträge richteten sich gegen den Geist der Französischen Revolution und hatten in der Restaurationszeit (1814, 1815–1830) großen Erfolg.

45,7 f. *»Geist des Christentums«:* von François-René Vicomte de Chateaubriand (1768–1848, französischer Schriftsteller und Staatsmann, der die Entwicklung der romantischen Literatur in Frankreich stark beeinflusst hat). In diesem Werk aus dem Jahre 1802 vertritt Chateaubriand die Meinung, dass die christliche Religion die Entfaltung und Entwicklung der Künste am ehesten fördert.

45,16 *sie kannte das Blöken der Herden:* Vgl. »Bovary«.

45,24 f. *ihr Charakter war eher sentimental als ästhetisch:* Emmas recht triviale romantische Haltung ist (wie die ihres ›Nachfolgers‹ Frédéric Moreau in der *Éducation sentimentale* von 1869) keine echt und wahr gefühlte, sondern im Wesentlichen eine angelesene, unwahre Pose (*eher sentimental*). Nie verurteilt Flaubert das *ehrliche* romantische Denken und Fühlen, dem er selber in seiner Jugend anhing. »Schließlich waren wir Romantiker, hitzig, von vollendeter Lächerlichkeit, aber vollständig glühend. Das Bißchen an Gutem, was mir bleibt, stammt aus dieser Zeit!« (an G. Sand, 17. November 1866, S. 91).

45,30 *Revolution:* Gemeint ist hier die von 1789.

46,3 *Romane:* Flauberts Ironisierung der literarischen Bildung, die *die fünfzehnjährige Emma* (46,17) sich im Kloster zuzieht, desavouiert ihre Träume von *Glückseligkeit, Leidenschaft und Trunkenheit* (43,23 f.) nachdrücklich.

»Nun versuche ich [...], in *Jungmädchenträume* zu kommen und schiffe dafür auf den milchigen Ozeanen der Ritterromane umher, der Literatur der Troubadoure mit weißbefederten Samtkappen« (an L. Colet, 3. März 1852, S. 379).

46,19 *Walter Scott:* schottischer Romancier (1771–1832), dessen romantisch-historische Romane im 19. Jh. sehr populär waren. Auch Emmas literarische ›Schwester‹ Effi Briest ist Scott-›Fan‹. Flaubert las Scott in der Jugend; später ließ er ihn in *Bouvard et Pécuchet* von einem seiner beiden »Studenten« intelligent kritisieren: »... schließlich langweilte ihn die ewige Wiederholung derselben Effekte. Gewöhnlich lebt die Heldin mit ihrem Vater auf dem Lande [wie Emma, Th. D.], und der Liebhaber, ein geraubtes Kind, wird in seine Rechte wiedereingesetzt und triumphiert über seine Rivalen. Stets kommt ein philosophischer Bettler vor, [...], unschuldige junge Mädchen, komische Diener und endlose Dialoge, eine dumme Prüderie und völliger Mangel an Tiefe. Aus Widerwillen gegen diesen Kram griff Bouvard zu George Sand« (*Bouvard und Pécuchet*, S. 157).

46,28 *Maria Stuart:* Königin von Schottland (1542–67) und durch ihren Gatten Franz II. Königin von Frankreich (1551–60), wurde auf Befehl von Elisabeth I. 1568 in Haft gesetzt und als Prätendentin auf den englischen Thron 1587 geköpft.

46,30 *Jeanne d'Arc:* genannt »die Jungfrau von Orléans« (1412–31); französische Nationalheldin, verteidigte Frankreich gegen die Engländer. Diese verbrannten sie am 30. Mai 1431 in Rouen als ›Hexe‹ lebend auf dem Scheiterhaufen.

Héloïse: Héloïse (1101–64) war die Geliebte des scholastischen Philosophen Abaelard (1079–1142), mit dem sie ein Kind hatte und sich heimlich verheiratete. Da ihr Vater diese Verbindung missbilligte, ließ er Abaelard überfallen und entmannen, der daraufhin als Mönch ins Kloster Saint-Denis ging, während Héloïse Nonne wurde. Es ist sehr ironisch, dass Flaubert der hässlichen anti-romantischen Witwe Dubuc den Vornamen Héloïse gibt (vgl. 24,30).

Agnes Sorel: Agnes Sorel (1422–50), Mätresse und politische Beraterin Karls VII. von Frankreich.

46,30f. *die schöne Helmschmiedin:* »La Belle Ferronnière«, Madame de Ferron, bürgerliche Geliebte von Franz I. (1494–1547).

46,31 *Clémence Isaure:* Toulouser Dichterin des 14. Jh.s.

46,35f. *der heilige Ludwig mit seiner Eiche:* Der heilige Ludwig, französischer König im 13. Jh., soll unter einer Eiche Recht gesprochen haben.

46,36 *der sterbende Bayard:* Pierre Terrail, Seigneur de Bayard (1473–1524), schlug sich ruhmreich während der Kriege Karls VIII., Ludwigs XII. und Franz' I. Seine Tapferkeit trug ihm den Beinamen »Ritter ohne Furcht und Tadel« ein. Dieser legendäre französische Feldherr wurde auch »Ritter Bayard« genannt.

46,36f. *einige Grausamkeiten Ludwigs XI.:* französischer Monarch, der ab der Mitte des 15. Jh.s an der Macht war. Er herrschte mit extremer Brutalität.

46,37 *ein bißchen Bartholomäus-Nacht:* Die Königinmutter Katharina von Medici, Mutter von Karl IX. (1550–1574), ließ in der Nacht zum 24. August (dem »Bartholomäus-Tag«) 1572 ein verheerendes Blutbad unter den Hugenotten in Paris anrichten, die sich wegen der Hochzeit des calvinistischen Heinrich von Navarra und der Schwester des Königs, Margarete von Valois, in Paris versammelt hatten. Emma, wie man sieht, konsumiert auch den historischen Horror gerne und ungerührt.

46,37–47,1 *Helmbusch des Béarners:* Heinrich IV., wegen seiner Herkunft aus der Landschaft Béarn in den Pyrenäen, das damals zum Königreich Navarra gehörte, »der

Béarner« genannt, soll in der Schlacht von Ivry (1590) seinen Leuten befohlen haben, sich an seinem weißen Helmbusch zu orientieren (vgl. Anm. zu 428,6f.).

47,2f. *Verherrlichung Ludwigs XIV.:* (1638–1715) König von Frankreich (1643–1715), bestieg nach dem Tod seines Vaters unter Vormundschaft seiner Mutter den Thron. Die politischen Geschäfte in jener Zeit führte bis zu seinem Tod 1661 Kardinal Mazarin, der die Adelsreaktion der Fronde (1648–1652) gegen das absolutistische Königtum niederschlug. 1661 übernahm Ludwig XIV. selbst die Staatsgeschäfte und vollendete den Absolutismus in Frankreich, das zum politischen und kulturellen Mittelpunkt des spätfeudalen Europa wurde. Er ließ sich »Sonnenkönig« nennen. Bei Versailles ließ Ludwig XIV. mit phantastischem Aufwand die prächtigste Schlossanlage Europas bauen. Der Hof von Versailles wurde für alle europäischen Fürsten unerreichtes Vorbild.

47,6 *Lagunen:* (ital.) durch einen Landstreifen vom offenen Meer getrennte flache Meeresteile.
Gondolieren: (ital.) Gondelführern in Venedig.

47,9 *Phantasmagorie:* Trugbild.

47,11 *lyrische Almanache:* mit Kupferstichen illustrierte Sammlungen von romantischen Gedichten und Texten.

47,15 *schönen Atlasbände:* Atlas: ein Seidengewebe.

47,17 *Vicomtes:* (frz.) Adlige.

47,30 *Windspiel:* kleiner Windhund. Emma wird ein solches romantisches Hündchen in Tostes geschenkt bekommen (54,37–55,2).

47,31 *Grooms:* Groom: (engl.) Stallknecht, Bursche, Reitknecht.

48,5 *Bajaderen:* (frz.) indischen Tempeltänzerinnen.

48,6 *Giaure:* (pers.) im Islam Bezeichnung für Nichtmoslems, »Ungläubige«.
phrygische Mützen: kegelförmige Zipfelmützen, meist mit nach vorn gebogener Spitze. Die phrygische Mütze

war in der Antike Bestandteil der Tracht der im westlichen Kleinasien lebenden Phryger. Sie lieferte das Urbild für die Freiheitsmütze, die schon in Rom als Zeichen der Befreiung vom aristokratischen Joch auf Münzen geprägt und in der Französischen Revolution zum Freiheitssymbol der radikalen Jakobinerpartei wurde, nachdem die 1792 in Marseille befreiten Bagnosträflinge ihre mit der dreifarbigen Kokarde geschmückten roten Mützen in Paris volkstümlich gemacht hatten. Auch die Revolutionsfigur der Marianne, Symbol der Republik, trägt eine phrygische Mütze. Sie wurde auch Freiheits- oder Jakobinermütze genannt. – Die phrygische Mütze taucht im Roman häufig auf, aber als heruntergekommenes Symbol. So trägt sie der sich nach »Freiheit« am Rouener Hafen sehnende Friseur in Tostes (80,27) und vor allem Monsieur Homais (vgl. u. a. 98,16), der sie aus Angst vor einem *Schnupfen* auf dem Kopf behält.

48,7 *dithyrambisch:* (griech.) begeistert, überschwänglich.

48,10 f. *tatarische Minaretts:* Tatar: Angehöriger eines Mischvolks in Südrussland, der Ukraine und Westsibirien. – Minarett: Moscheeturm.

48,33 f. *lamartinischen Gewundenheiten:* Alphonse de Lamartine (1790–1869), wichtiger Dichter der französischen Romantik, Mitglied des Abgeordnetenhauses und zeitweilig Außenminister.

49,9 *Klausuren:* abgeschlossene Gebäudeteile im Kloster.

49,16 f. *Dieses Mädchen, das auch mitten in ihren Verzückungen nüchtern geblieben war:* Hier gibt Flaubert die konzentrierte Formel des teils romantischen, teils bürgerlichen Charakters Emmas.

49,21–23 *lehnte sie sich … ihrem Wesen widerstrebte:* Emmas Widerstand gegenüber einer streng normierten Wirklichkeit, die in Tostes fortschreitet, ist *der* romantische Strang ihres Charakters, mit dem Flaubert sympathisiert.

49,29 *das Gesinde zu kommandieren:* Emmas bürgerlicher Wesenszug beweist sich in diesem Verhalten (vgl. auch 69,8: das ›Feuern‹ ihres ersten Dienstmädchens).

Kapitel VII

50,12 f. *In Postkutschen mit blauseidenen Vorhängen:* Emmas Phantasien vom Herumfahren in Ländern *mit klangvollen Namen* (50,10) ignorieren zielgerichtet die Realität der Postkutschen, die unbequeme, harte, zugige Verkehrsmittel waren. Vgl. *Die Schwalbe* (ein Postkutschenname voller Ironie) 96,3–14, 323,22 f., 330,19 ff. und Anm. zu 330,27–29.

50,20 f. *man blickt zu den Sternen empor und ...:* Emmas romantische »Man«-Phantasien sind nicht besser als bürgerliche Diktate von dem, was »man« zu tun oder zu lassen hat – wie sie z. B. ihre Schwiegermutter bei ihren Besuchen in Tostes verkündet (vgl. 53). Jede »Man«-Diktatur, so zeigt Flaubert exemplarisch auch an Emma, verzichtet auf Individualität des Denkens und Handelns (vgl. IV,2 zur Zahl »Zwei«).

50,25 f. *von Schweizerhäuschen ... in einem schottischen Cottage:* Nach Emmas Ansicht zählen auch Länder wie die Schweiz (für Flaubert Inbegriff der Langeweile und Biederkeit) zu jenen *Gegenden auf Erden*, die *Glück* ›hervorbringen‹ (50,22). – Cottage: (engl.) Ausdruck für: Landhaus.

51,33 f. *wie sie ... Brotkügelchen drehte:* damals als Radiergummi verwendet.

51,34–52,3 *Wenn sie Klavier spielte ... hören:* Emmas laut durch das tote Dorf Tostes schallendes Klavierspiel ›vertont‹ ihr Aufbegehren gegen dessen Tristesse. Es ist bitterste Ironie, dass gerade *der Schreiber des Gerichtsvollziehers* gern stehen bleibt und dieser Protestmusik zuhört. Ein Klavier zählt aber auch zum Inventar ihrer (klein)bürgerlichen Schwiegermutter.

52,7–10 *Andererseits verstand Emma ... gar nicht nach Mahnungen aussahen:* Ungeachtet ihrer Träume macht sich Emma als Landarztgattin sehr gut. Sie ›repräsentiert‹ und formuliert *höfliche* Begleitschreiben zu den Rechnungen.

52,14 *Reineclauden:* grüne Pflaumen; »Königin Claude« – so bezeichnet zu Ehren der Gemahlin des französischen Königs Franz I.

52,14–18 *servierte das Eingemachte ... gekauft werden sollten:* Diese Passage wurde auf der Kopie von der *Revue de Paris* beseitigt, doch von Flaubert am Rand wieder eingesetzt (vgl. *M. B.* Neefs, S. 107, Anm. 2).

53,1 *eine baumwollene Nachtmütze:* Eine bäuerliche Baumwoll-Mütze besitzt auch Emmas Vater (18,24), ebenso in Yonville Madame Lefrançois vom *Goldenen Löwen* (323,5 f.).

53,8 f. *als stecke ein Holzbein darin:* Charles' *derbe Stiefel*, die diese Assoziation wecken, deuten voraus auf das düstere Ergebnis der Klumpfußoperation im Zweiten Teil, Kap. XI.

53,22 *Metzger:* Alle Bewohner von Tostes treten nur als anonyme Funktionsträger auf: als »Jagdhüter«, »Schreiber«, »Postkutscher«, »Bauern«, »Schulmeister«, »Friseur« usw.

53,31–54,1 *Zu Lebzeiten der Madame Dubuc ... die Leute tafeln sieht:* Die Passage wurde zuerst auf der Abschrift von der *Revue de Paris* gestrichen. Flaubert revidierte dies zwischen den Zeilen (vgl. *M. B.* Neefs, S. 109, Anm. 1).

54,17–30 *nach Theorien ... kundtat:* So funktionieren Emmas, ihren Kopf und ihr Leben leitenden »falschen Gefühle« und ihre »falsche Poesie«, von denen Flaubert in einem Brief an Mlle Leroyer de Chantepie spricht (30. März 1857; *Briefe*, S. 369): sie tut alles (auch bei ihren späteren »Affären«), um das »Feeling« *in sich* zu produzieren, von dem sie meint, dass ›man‹/›frau‹ es als Romantiker(in) haben müsse. Ihre *Éducation* zum uneigentlichen Gefühl durch Lektüre verbindet sie mit Homais – dem Repräsentanten des geborgten Denkens.

55,1 f. *italienisches Windspiel:* Windspiel: Vgl. Anm. zu 47,30. Lamartine, den Emma im Kloster beim Tod ihrer Mutter zwecks Trauer-Erregung las, hatte die italienischen Windspiele modisch gemacht (vgl. *M. B.* Neefs, S. 110, Anm. 1). Bei der Übersiedlung nach Yonville kommt Emmas romantisches Hündchen dann allerdings abhanden und läuft, wie ein Symbol für das, was kommt, davon (96,28 f.).

55,15 *Flechtenplacken:* Flechte: eine Pflanze; Placken: großer (schmutziger oder bunter) Fleck.

56,4–8 *Ihr Leben … über alle Winkel ihres Herzens:* Emmas Empfindung der Langeweile versieht Flaubert mit dem Bild der Spinne. Ab hier muss man im Roman auf eine sich ausbreitende Spinnenmetaphorik achten.

56,20 *Sie rief Djali:* Djali heißt die Ziege der Zigeunerin Esméralda in Hugos *Notre-Dame de Paris* (1831). Victor Hugo (1802–85) war früh bekannt geworden durch seine Oden legitimistischer Couleur und seit 1827 Wortführer der romantischen Schule in Frankreich; er galt als Hauptvertreter des demokratisch-humanistischen Flügels. Flaubert bewunderte ihn als Persönlichkeit sehr.

57,15 *Marquis:* französischer Adelstitel im 19. Jh.
Restauration: Periode in der französischen Geschichte, in der die Bourbonenherrschaft erneuert wurde (1814, 1815–30).

57,21 *Arrondissement:* in Frankreich Verwaltungsbezirk eines Départements, entspricht etwa dem deutschen »Kreis«.

57,24 *Rentmeister:* Geschäftsführer bei Hofe.

Kapitel VIII

58,9 ff. »Ich muß meine Heldin auf einen Ball bringen. Es ist so lange her, daß ich einen erlebt habe [...]. Es wäre ein Wunder, das Banale zu vermeiden, und doch will ich es vermeiden« (an L. Colet, 2. Mai 1852, S. 415). Vorlage für La Vaubyessard könnte das heute verschwundene Schloss in Le Héron gewesen sein, wo Flaubert im September 1836 selbst einen Ball miterlebte. »Ich hab' viel an jenen Morgen [...] beim Marquis de Pomereu in Le Héron gedacht, wo ich nach dem Ball im Park allein spazierenging; das war in den Ferien zwischen der vierten und der dritten Klasse« (*Reise in den Orient*, S. 103). Le Héron liegt nahe bei Ry/Yonville.

58,33 *Billardzimmer:* »Billard« ist in Flauberts Werk (s. vor allem die *Éducation sentimentale*) stets eine Metapher für tote Öde (vgl. Zweiter Teil, Kap. I). Es ist von daher signifikant, dass Emmas »großes Erlebnis« damit einsetzt, dass sie durch ein *Billardzimmer* geht. Im Billardzimmer auf Schloss La Vaubyessard hängen *auf der düsteren Holztäfelung* (59,6) Bilder von Toten, deren Namen in *schwarzen Lettern* (59,8) stehen. *Das von dem grünen Tuch des Billards zurückgeworfene Lampenlicht schuf im Raum wogende Schatten* (59,17–19). Auf der Rückreise aus dem Orient erinnerte Flaubert Ernst Chevalier an die Jugendtage, »als wir beide [...] in dem in ein Theater verwandelten Billardzimmer des Hospitals herumbrüllten« (9. April 1851; *Briefe*, S. 172).

59,14 *des Sankt-Michael-Ordens:* Das Sankt-Michael-Kreuz war ein von Ludwig XI. gestifteter Orden.

59,24 f. *Allongeperücken:* Locken-Perücken des 17./18. Jh.s.

59,30 f. *Causeuse:* (frz.) kleines Sofa für zwei Personen.

59,36 *Gipüre-Spitze:* Gipüre: Klöppelspitze aus so genannten Gimpen (mit Seide umsponnenen Baumwollfäden); vgl. 354,13–21.

60,10–66,33 Abendessen und Ball auf La Vaubyessard

wird Flaubert in *L'Éducation sentimentale* bei der Schilderung einer Soirée im Hause des Bankiers Dambreuse fast wiederholen. Aus der blasierten dummen Adelsgesellschaft ist dann allerdings die »unermeßlich müde« »nackte« Geldgesellschaft geworden (vgl. *Lehrjahre des Gefühls*, Zweiter Teil, Kap. II).

60,19 *Mitren:* (griech.) Bischofsmützen. Mitra: Kopfbedeckung, bestehend aus zwei flachen, hohen, oben spitz zulaufenden, mit Seidenstoff von der Farbe des Messgewandes überzogenen Deckeln, getragen von den römisch-katholischen Bischöfen. Selbst in der »großen Welt« von La Vaubyessard fehlen »Mützen«, hier in Serviettenform, nicht – abgesehen auch von den *sauertöpfischen* Müttern, die *rote Turbane* tragen (63,3–5).

60,34 f. *Madame Bovary … ihre Handschuhe nicht in ihr Glas gesteckt hatten:* Mit diesem Brauch annoncierte man in der ›feinen Gesellschaft‹, dass man keinen Wein trank. Zur Zeit Madame Bovarys war das in Paris allerdings nicht mehr üblich – nur noch in der Provinz.

61,2 f. *wobei er Soßentropfen aus dem Mund fallen ließ:* Diese Stelle strich die *Revue de Paris* zunächst. Flaubert machte den Eingriff am Rande der Kopie rückgängig (vgl. *M. B.* Neefs, S. 116, Anm. 3).

61,7 *des Grafen von Artois:* Der Comte d'Artois (1757–1836) war einer der Führer des französischen Emigrantenheeres in Deutschland. Der Bruder Ludwigs XVI. und Ludwigs XVIII. wurde später als Karl X. französischer König (vgl. Anm. zu 87,31). Unter dem Ancien Régime war er für seine Verschwendungssucht bekannt. In *Un cœur simple* steht sein Bild in der Dachkammer der bitterarmen Félicité.

61,10 *Königin Marie-Antoinette:* Gemahlin Ludwigs XVI. (1755–93).

61,21 f. *Hatte er doch am Hof gelebt und im Bett der Königinnen geschlafen!:* Dieser Satz sollte ebenfalls nach Willen der *Revue* wegfallen. Flaubert setzte ihn jedoch wieder ein (vgl. *M. B.* Neefs, S. 117, Anm. 2).

61,33 *Barègekleid:* Barège: leichter durchsichtiger Wollstoff, nach seinem pyrenäischen Produktionsdorf benannt.

62,13f. *Ihr Kleid war matt safrangelb:* Es signalisiert Emmas latente ›Erotik‹-Bereitschaft.

62,18 *Geigen-Ritornell:* Ritornell: (ital.) sich mehrere Male wiederholender Teil eines Musikstücks.

62,21 *Die Quadrillen:* Quadrille: (span.-frz.) beliebter Salontanz des 19. Jh.s.

62,24 *der Kontertanz:* englischer Gruppentanz, der im 18. und 19. Jh. in Europa sehr beliebt war.

64,7f. *durch ihre glatten Manieren brach die eigenartige Brutalität hindurch:* An ihr, welche die Männer mit dem *Teint des Reichtums* (63,31) kennzeichnet, stört sich Emmas blinde Rezeption der Welt der ›Schönen und Reichen‹ nicht.

64,12–14 *Herr im blauen Frack ... über Italien:* »Italien« ist ein Grundklischee im Denken Emmas sowie im *Dictionnaire des idées reçues,* das Flaubert ab 1850 zusammenstellte. Vgl. auch Emmas Unterhaltung mit Léon Dupuis im Zweiten Teil, Kap. II, sowie ihre Fluchtpläne mit Boulanger im Zweiten Teil, Kap. XII.

64,15 *Tivoli:* die Sommerfrische reicher Römer in der Antike.

64,16 *Castellammare:* Thermalbad mit Blick über den Golf von Neapel.

64,23 *Louis:* Gemeint ist der Louisdor, eine alte französische Goldmünze, die von Ludwig XIII. (1601–43) erstmals geprägt worden und nach dem Namen der französischen Könige (Louis) benannt war.

65,6 *Maraschino-Eis:* Maraschino: (ital.) aus kleinen sauren Kirschen hergestellter Likör.

65,26f. *Ecke des Musselinvorhangs:* Musselin: feiner, dünner Baumwoll- oder Seidenstoff, benannt nach der Stadt Mosul.

66,10f. *beider Beine gerieten ineinander:* Diese ›Anzüglichkeit‹ wurde von der *Revue*-Leitung gestrichen, aber von Flaubert wieder eingesetzt (vgl. *M. B.* Neefs, S. 122, Anm. 4).

66,37 *Whist:* ein aus England stammendes Kartenspiel mit 52 französischen Karten, meist von vier Spielern gespielt. Die Gegenübersitzenden sind Partner.

67,23 *die Brioche-Reste:* Brioche: (frz.) windbeutelartiges Frühstücksgebäck, hergestellt aus feinem Mehl, Butter, Eiern.

67,34 *Raufen:* Futterkrippen.

70,3 f. *Die Fahrt nach La Vaubyessard hatte in ihr Leben einen Riß gebracht:* Dieser bezieht sich auf die zwei Persönlichkeiten, die Emma spalten: sie ist Bürgerin und (›falsche‹) Romantikerin.

70,8–12 *deren Sohlen vom Parkettwachs gelb … nie weichen würde:* Das Bild verdeutlicht Emmas unheilbare Vaubyessard-›Infektion‹. Wichtig in ihm ist die Farbe Gelb, die hier auch an Gold oder Geld erinnert – Geld und Liebe gehen in Emmas Geschichte im Verlauf eine schlimme Symbiose ein. Schon während ihres ersten verzückten Tanzes hörte sie *das helle Klingen der Geldstücke auf den Spieltischen* (63,14 f.).

Kapitel IX

70,28 *Verbene:* (lat.) Eisenkraut. Die Liebe symbolisierende und als aphrodisisch geltende Pflanze.

70,31 *Palisanderholz:* (indian./frz.) brasilianische Edelholzsorte. Es handelt sich dabei um ein hartes und schweres Edelholz. Vgl. auch im Dritten Teil, Kap. V, 326,31 f.: In Emmas und Léons ›Liebeszimmer‹ im Hôtel de Boulogne in Rouen sitzen beide *am Kamin, an einem Tischchen mit Intarsien aus Palisanderholz.* Am Ende findet Charles Léons Liebesbriefe *im Geheimfach des Palisander-Schreibtischs* (428,19 f.).

71,1 *Stickgaze:* Gaze: (pers.) durchsichtiges Gewebe.

71,8 *Pompadour-Stil:* vornehmer Rokoko-Stil des 18. Jh.s

(benannt nach Jeanne-Antoinette Poisson, Marquise de Pompadour, 1721–64, der Geliebten Ludwigs XV.), der sich anfangs durch Luxus und rokokohafte Überladenheit, später durch Betonung ländlicher Motive auszeichnete.

71,13–15 *er loderte vor ihren Augen ... ihrer Pomadendosen:* Diese Stelle strich die *Revue* auf der Kopie. Flaubert fügte sie wieder ein (vgl. *M. B.* Neefs, S. 127, Anm. 2).

71,18 *die »Marjolaine«:* »Les compagnons de la Marjolaine«, altes französisches Volkslied.

71,35 f. *Kaleschen:* (poln.) im 19. Jh. offene vierrädrige Wagen mit Kutschbock und aufklappbarem Verdeck.

72,1 f. *»La Corbeille« ... »La Sylphe des Salons«: La Corbeille* war ein Modejournal; *La Sylphe des Salons* brachte Klatsch aus dem mondänen Pariser Leben.

72,7 *Bois:* der große Park Bois de Boulogne im Westen von Paris.

72,8 *Aus Eugène Sues Romanen:* Eugène Sue, eigtl. Marie-Joseph Sue (1804–57), bediente in seinen Romanen die Neugierde seiner Leser(innen) nach den Pariser Sitten und Saloneinrichtungen. Bekanntestes Werk: *Die Geheimnisse von Paris* (1842/43). Flaubert verachtete Sue.

72,10 *Balzac und George Sand:* Honoré de Balzac (1799–1850), ein Jahr vor Beginn der Arbeit an *Madame Bovary* gestorben, wurde von Flaubert zwar bewundert (»er war ein starker Mann, der seine Zeit kühn begriffen hat«, an L. Bouilhet, 14. Januar 1850; *Briefe*, S. 162), hatte aber erstellt, was Flaubert keinesfalls wollte: eine fließbandmäßig produzierte Roman-Enzyklopädie der französischen Gesellschaft (s. auch Pécuchets-Flauberts Balzac-Kritik im Literatur-Kapitel von *Bouvard et Pécuchet*, S. 159). George Sand (1804–76), eigtl. Amantine-Lucile-Aurore Baronin Dudevant, geb. Dupin, schrieb seit den 30er Jahren, ebenfalls ›massenhaft‹, sozialkritisch-humanistische Romane. Flaubert, nur in seiner Jugend von dieser Literatur angetan, spricht ihr durch

Bouvard »das Dichterische« zugunsten der »Tendenz« ab (ebd., S. 158). 1855 schrieb er an Bouilhet: »Jeden Tag lese ich ein paar Seiten George Sand und bin regelmäßig entrüstet« (30. Mai 1855, zit. nach: Flaubert/Sand, *Eine Freundschaft in Briefen*, S. 45).

72,21–73,35 *Paris … Achselschnüren der Dienerschaft:* Paris existiert für Emma als buchstäblich *Ozean*-großes Klischee, dessen Realität sie noch nie gesehen hat und sich phantastisch-gemeinplätzig ausmalt. »Ich habe die Welt ein wenig gesehen und kenne zur Genüge jenes Paris, von dem Sie träumen«, schrieb Flaubert an Emmas Bewunderin Mlle Leroyer de Chantepie (18. März 1857, zit. nach: *M. B.* Vollmann, S. 509). Das wahre Paris dieser Zeit, in Emmas Augen *das unermeßliche Reich der Beglückungen* (73,20), hat Flaubert in seinem Paris-Roman *L'Éducation sentimentale* dargestellt: als Eldorado der Schurkereien, Lügen, Betrügereien, üblen Geschäfte und ebensolcher Politik. Zur Zeit der Arbeit am Ersten Teil der *Madame Bovary* schreibt er an L. Colet: »Ich kann Paris und alles, was da gebraut wird, sehr gut entbehren. – Diese Dinge machen einen krank« (23. Mai 1852, S. 431). Und: »Ich bin Dir auf all Deinen Gängen gefolgt, und der Dreck von Paris, der Dir die Füße besudelte, hat mich innerlich erstarren lassen« (10. April 1853; ebd., S. 637). Nicht anders redet er in einem Brief an Du Camp, der ihn drängt, »der Karriere wegen« nach Paris zu ziehen: »Du sprichst vom *Atem des Lebens* in Paris. Ich finde, er riecht oft nach verfaulten Zähnen, Dein Atem des Lebens …« (26. Juni 1852, zit. nach: du Plessix Gray, S. 270).

73,31 *Boudoir:* (frz.) im 19. Jh. Bezeichnung für das elegante Zimmer einer Dame.

73,33 *einem Bett auf einer Estrade:* Diese Einzelheit strich die *Revue* auf der Kopie. Flaubert setzte sie wieder in den Text ein (vgl. *M. B.* Neefs, S. 130, Anm. 1). – Estrade: (frz.) Podium, erhöhter Fußbodenteil.

74,21–24 *und da Madame … Gebet gesprochen hatte:* Auch diesen Satz eliminierte die *Revue de Paris*; Flaubert fügte ihn wieder in die Kopie ein (vgl. *M. B.* Neefs, S. 131, Anm. 1).

74,29f. *plissiertes Vorhemd:* plissiert: in Falten gelegt.

74,32f. *Rosette:* (frz.) Verzierung in Rosenform; Bandschleife.

75,16f. *ob es nicht vielleicht ihre Haut war, die ihr Hemd parfümierte:* Diese leicht ›sexuelle‹ Stelle störte die *Revue de Paris*. Flaubert konnte die erfolgte Streichung revidieren (vgl. *M. B.* Neefs, S. 132, Anm. 1).

75,20 *Volant:* (frz.) Besatz an Kleidungsstücken.

76,11 *den »Medizinischen Bienenkorb«:* Flauberts satirische Erfindung dieses Fachwerkes ist politisch gemeint: die Krönungsmäntel Napoléons I. und Napoléons III. und auch die Gewänder ihrer Würdenträger waren mit goldenen Bienen, dem Wappentier der Bonaparte, bestickt, Bienen fanden sich auch auf den Baldachinen der Thronsessel und den Wandbespannungen der Prunkgemächer, wo zeremonielle Amtshandlungen stattfanden. Besonders bei der Kaiserkrönung Napoléons I. war die Kirche Notre-Dame mit beispielloser Pracht geschmückt. Hierzu gehörten auch Samtbehänge, die die Wände bekleideten und mit goldenen Bienen übersät waren.

76,29ff. *aus Yvetot:* Der Arzt, der Charles *blamiert* hat, kommt, wie der Hochzeitstorten-Konditor, aus »Yvetot« (vgl. Anm. zu 35,33) – d. h. auch nicht aus »Konstantinopel« … Emmas (recht martialischer: *sie hatte Lust, ihm ins Gesicht zu schlagen* – gemeint ist Charles) bürgerlicher Ehrgeiz orientiert sich also am total Banalen.

77,8–11 *Beim Nachtisch zerschnippelte er den Kork der leeren Flaschen … schmatzte er bei jedem Schluck …:* Die Passage wurde auf der Abschrift von der *Revue* entfernt, aber von Flaubert reaktiviert (vgl. *M. B.* Neefs, S. 133, Anm. 2).

78,30f. *Erard-Flügel:* damals kostbarer ›Markenflügel‹, so genannt nach Sébastien Érard (1752–1831), einem Musikinstrumentenhersteller, der mit seinen mechanischen Instrumenten großen Erfolg hatte.

79,1 *»Ich habe alles gelesen«:* Nichts wirft auf Emma ein so ironisches Licht wie diese naive Selbsteinschätzung.

79,18 *Pfropfenspiel:* Vgl. Anm. zu 36,16. Das *Pfropfenspiel* bei Emmas Hochzeit erweist sich in seiner Toster Existenz rückwirkend als triste Vorausdeutung.

80,15–28 *Tür des Friseurs … phrygische Mütze auf dem Ohr:* Zum Traum des Toster Friseurs vgl. den ›realen‹ Rouener Friseur im schäbigen Hafenviertel im Dritten Teil, bei dem Emma sich nach dem Zusammensein mit Léon immer die Haare richten lässt. »Es war heiß in dem allzu niedrigen kleinen Raum, wo inmitten der Perücken und Pomaden ein kleiner Eisenofen prasselte. Der Geruch der heißen Brennscheren und der fettigen Hände, die sich an ihrem Kopf zu schaffen machten, betäubte sie bald, und sie nickte in ihrem Frisiermantel ein bißchen ein« (328,29–34). – Die Schaufensterdekoration des Friseurs, *eine Frauenbüste aus Wachs mit gelber Perücke,* schafft psychologisch die Verbindung zu Emma.

80,27 *Lastingjacke:* Lasting: (engl.) glatter, glänzender Stoff aus gekämmter Wolle und Atlas, ein robustes Gewebe.

81,5–7 *Hin und wieder … sein Instrument, dessen harter Gurt … ermüdete:* Diesen Satz strich die *Revue*. Flaubert setzte ihn wieder ein (vgl. *M. B.* Neefs, S. 137, Anm. 2).

81,16 *Sarabanden:* Sarabande: alter Tanz.

81,17 *Bajadere:* Vgl. Anm. zu 48,5.

83,23 *Kampferbäder:* Kampfer, sanskritisch (altindisch), eine in der Medizin und inzwischen auch in der chemischen Industrie verwendete harzartige Masse.

84,4 *da er nach vierjähriger Tätigkeit begann:* im Roman ist dies das Jahr 1840 (vgl. IV,3).

84,10 f. *im Arrondissement Neufchâtel:* Neufchâtel-en-Bray: Hauptstadt des Pays de Bray; gelegen rund 40 km nordöstlich von Rouen und 28 km östlich von Tostes bzw. Tôtes im damaligen Département Seine-Inférieure. Ry (oder Yonville-l'Abbaye) liegt rund 28 km südlich von Neufchâtel-en-Bray (Luftlinie).

84,11 f. *Yonville-l'Abbaye:* Vgl. Anm. zu 85,3.

84,12 *dessen Arzt, ein polnischer Flüchtling:* Vgl. Anm. zu 91,27 und zu 101,29–102,4.

84,36 f. *war Madame Bovary guter Hoffnung:* Hier endete der erste Teil der Vor-Veröffentlichung des Romans in der *Revue de Paris* am 1. Oktober 1856 (vgl. *M. B.* Neefs, S. 141, Anm. 2).

Zweiter Teil, Kapitel I

85,3 *Yonville-l'Abbaye:* das *etwa acht Meilen* (32 km), damals gut zwei bis drei Reise- bzw. Reitstunden (vgl. auch 341,1–4) westlich von Rouen, im Pays entre Seine et Bray gelegene Dorf Ry (vgl. II,2). (Um 1840 zu Pferd etwa 48 km von Tostes bzw. Tôtes entfernt; vgl. den ca. 5-stündigen (Eil-)Ritt von Emmas Vater von Les Bertaux nach Yonville, 413 ff.)

85,3–5 *so genannt ... sind:* Das Dorf, in dem Emma ihre im Kloster angelesenen Träume auslebt und sich und ihre Familie ruiniert, heißt nach einer *Kapuzinerabtei, von der nicht einmal mehr die Ruinen vorhanden sind.* Geboren wird sie nahe bei einem Ort, der wie das fiktive Yonville-l'Abbaye nach einer Abtei heißt: St.Victor-l'Abbaye (vgl. Anm. zu 16,3).

85,4 *Kapuzinerabtei:* Kapuziner: Angehörige des volkstümlichen katholischen Ordens, der sich 1525 von den Franziskanern abzweigte. Tracht: braune Kutte mit Kapuze.

85,6–8 *zwischen der Landstraße nach Abbeville und der*

nach Beauvais im Tal der Rieule … in die Andelle fließt: Abbeville: Stadt in der Picardie. Beauvais: Hauptstadt des Départements Oise. – Bei der Angabe der Flüsse, die Yonvilles Lage kennzeichnen, zeigt sich Flauberts geographisch-poetisches Prinzip: während der eine den fiktiven Namen »Rieule« hat (der entsprechende reale Fluss bei Ry heißt le Crevon), hat der andere, die Andelle, die nahe Forges-les-Eux entspringt, seinen realen Namen behalten.

85,12ff. Anders als Tostes (vgl. Anm. zu 14,10 und zu 53,22) wird Yonville hinsichtlich seiner geographischen Situation, Topographie und Bevölkerung detailliert geschildert. »Es entrollt sich das Gemälde der Bleistiftskizze Tostes« (Thibaudet, S. 97) – weil Yonville dasjenige der beiden Dörfer ist, wo Emmas in Tostes nur theoretisch gehegten Träume Realität werden.

85,20 *Landschaft Bray:* das Pays de Bray, nordöstlich von Rouen, zwischen dem Pays de Caux und der Picardie.

85,29 *Argueil*: größerer Ort, rund 14 km Luftlinie nordöstlich von Ry. Hier verkauft Charles einen Tag vor seinem Tod sein letztes Pferd (429).

86,6f. *Normandie:* ehemalige Provinz im Nordwesten Frankreichs zwischen dem Pariser Becken und dem Ärmelkanal mit der historischen Hauptstadt Rouen. Yonville liegt wie Tostes im damaligen normannischen Département Seine-Inférieure (vgl. Anm. zu 151,14f.).

86,7 *Picardie:* an die Normandie grenzende ehemalige nordfranzösische Provinz mit den Départements Aisne, Oise und Somme. Hauptstadt: Amiens.

Ile-de-France: die Paris umgebende ehemalige französische Provinz.

86,15 *Bis zum Jahre 1835:* die zweite der im Roman genannten Jahreszahlen (vgl. IV,3).

87,31 *letzten Regierungsjahre Karls X.:* Karl X., der Graf von Artois (vgl. Anm. zu 61,7), bestieg nach dem Tod Ludwigs XVIII. den Thron der Bourbonen und war französischer König während der Restauration von 1824–30. Seine restriktive Politik führte zur Julirevolution von 1830 und seinem Sturz. Es folgte von 1830–48 die Julimonarchie des »Bürgerkönigs« Louis-Philippe (vgl. IV,3).

87,32–34 *Doch das Holzgewölbe ... schwarze Rillen:* Die *schwarzen Rillen*, die sich durch den *blauen Anstrich* des bereits ›morschen‹ Holzgewölbes der Kirche von Yonville ziehen, sind die farbsymbolische Vorausdeutung des tödlichen Endes, in das Emmas Romantik in diesem Dorf münden wird.

88,10 *auf den Sandwich-Inseln:* die Hawaii-Inseln.

88,11 f. *eine Kopie der »Heiligen Familie ...«:* Auch diese *Stiftung* des französischen Staates ist für Charles und Emma Bovarys im Innern Frankreichs zu Grunde gehende Familie vorausweisende schwarze Ironie.

88,24 *gallischen Hahn:* Der »coq gaulois« ist das Symbol für das französische Volk (lat. gallus entspricht »gaulois« und »coq«). Der Hahn löste die Lilie – das Symbol der Bourbonen – ab und wurde offizielles Emblem Frankreichs.

89,1 *Barèger Tafelwasser:* Aus einem Barèger Stoff war auch Emmas Kleid auf dem Ball auf La Vaubyessard (vgl. 61,33).

89,18 *Zur Zeit der Cholera:* Die erste große Cholera Epidemie in Europa dauerte von 1831 bis 1838. Gemeint ist hier die Epidemie von 1832 in Frankreich, die zahlreiche Opfer kostete.

89,30 *»Sie leben von den Toten, Lestiboudois!«:* Der Name des Totengräbers und Küsters von Yonville sollte zuerst Emmas Familienname sein (vgl. *M. B.* Neefs, S. 150, Anm. 1). Er ist (auch als Gärtner der Bovarys) auffallend häufig in ihrer und auch Berthes Nähe anzutreffen.

90,1 f. *Die Blechtrikolore:* Trikolore: seit 1789 die dreifarbige (blau-rot-weiß) französische Nationalflagge. Es ist denkbar, dass sich vor allem auf sie die so oft im Roman vorkommende Zahl Drei beziehen soll: Die *Mœurs de Province* und das Geschehen in *Madame Bovary* stünden in dieser Chiffre für das Land »Frankreich« schlechthin. (Wie auch das Geschehen in der *Éducation sentimentale*, in der die »Drei« dann absolut dominiert.) »Was ist Frankreich doch für ein schuftiges Land!« (an L. Colet, 14. März 1853, S. 598). Vgl. hierzu auch im Politik-Kapitel von *Bouvard et Pécuchet* die Überlegung des mit seiner Versetzung bedrohten aufrührerisch daherredenden Dorflehrers Petit: »Sie würden am andern Ende von Frankreich ankommen [...], und sie würden dort unter anderen Namen denselben Pfarrer, denselben Rektor, denselben Präfekten wiederfinden ...« (*Bouvard und Pécuchet*, S. 201). In solch ›pan-französischem‹ Sinn organisiert Flaubert ja in *Madame Bovary* auch sein weitläufiges Geflecht der Orte (vgl. Anm. zu 35,33; s. aber, wie bemerkt, ebenso 405,3 f.).

90,30 *Blattern:* veraltete Bezeichnung für Pocken.

90,36 *Artémise:* der ironische Name der trägen Magd von Madame Lefrançois (vgl. auch 103,31 f.); Artemis war in der griechischen Mythologie die Göttin der Jagd.

91,4–92,3 *auf dem Billard ... lassen kann:* Die Diskussion über ein *neues Billard* im *Goldenen Löwen* bestimmt vorab die Öde, die auch Yonville beherrscht (vgl. Anm. zu 58,33).

91,26 f. *eine patriotische Poule:* Poule: in Frankreich beliebtes Wettspiel.

91,27 *für die Polen:* Während der Julimonarchie gab es in Frankreich eine Sympathie mit der polnischen Befreiungsbewegung gegen die russische Unterdrückung. Der polnische Aufstand gegen Russland hatte im November 1830 mit dem Aufstand von Warschau begonnen. Das liberale Bürgertum Europas unterstützte ihn vehement. Nach heftigen Kämpfen musste sich Warschau den Russen ergeben. Vergebens hatten die Polen auf die Hilfe Frankreichs gehofft, aber diesen Schritt wagte Louis-

Philippe nicht. Doch aus Anteilnahme am polnischen Schicksal blieben in Paris, wo viele polnische Flüchtlinge lebten, Geschäfte und Vergnügungsstätten vorübergehend geschlossen. Der Aufstand dauerte bis zum Sommer 1831, als er durch russische Truppen mit Unterstützung Preußens und Österreichs niedergeschlagen wurde.

91,27 f. *die Überschwemmten in Lyon:* 1840 überflutete die Rhône einen beträchtlichen Teil der Stadt Lyon.

92,19 *Kavalleristen:* früher die Mitglieder der Reitertruppe (der Kavallerie) in den Armeen.

94,15 f. *Kloster Ernemont:* bei Ry. Heute der Ort Ernemont-sur-Buchy.

94,33–95,4 *»Bravo! … keine Religion!«:* Dieser Abschnitt wurde von der *Revue de Paris* gestrichen, doch von Flaubert wieder eingesetzt (vgl. *M. B.* Neefs, S. 155, Anm. 4).

95,1 *Phlebotomie:* Aderlass.

95,1 f. *im Interesse der Ordnung und der Sittlichkeit!:* Homais' Ausdrucksweise hat große Ähnlichkeit mit der Anklage im kommenden *Bovary*-Prozess.

95,5–31 *Der Apotheker … die ganze Menschheit mit hineinzögen:* Hier die erste größere Tirade des europäischen ›Parade‹-Bürgers des 19. Jh.s, Monsieur Homais – eine Figur von wahrhaft dickensschem Format, von deren Reden Flaubert leider einige für seine Endfassung strich (wohl, um Homais nicht als Karikatur zu entwirklichen) und an der er sich zugleich ergötzte wie litt: »… und drei Abschnitte für meinen Apotheker skizziert, die mich sehr zum Lachen brachten und mir zugleich großen Abscheu einflößten, so widerlich wird das in Idee und Ausführung sein« (an L. Colet, 26. Mai 1853, S. 682). Es wird sehr selten gesehen, dass *Madame Bovary* auch ein Roman von großer Komik ist.

95,19 f. *der Gott Sokrates', Franklins, Voltaires und Bérangers:* Sokrates: griechischer Philosoph. – Benjamin

Franklin (1706–90): amerikanischer Staatsmann, Physiker, Philosoph und Publizist. 1778 führte er als einer der Mitbegründer der Unabhängigkeit der englischen Kolonien Amerikas im Auftrag der jungen USA Verhandlungen mit Frankreich. – Voltaire, eigtl. François-Marie Arouet (1694–1778): französischer Dichter, Schriftsteller, Historiker und Philosoph; Hauptvertreter der französischen Aufklärung. – Pierre-Jean de Béranger: Vgl. Anm. zu 13,25.

95,21 *›Glaubensbekenntnis des savoyischen Vikars‹:* In diesem Abschnitt seines Romans *Émile* plädiert Jean-Jacques Rousseau (1712–78) für eine persönliche Religion, die sich von der Naturerfahrung und den Gefühlen ableiten soll.

95,22 *die unsterblichen Grundsätze von 89:* Erklärung der Menschen- und Bürgerrechte durch die französische Nationalversammlung am 26. August 1789.

96,36 *Monsieur Lheureux, der Stoffhändler:* Nicht ohne Grund ist er derjenige Bewohner von Emmas neuem Lebensort, der mit ihr in der Kutsche nach Yonville sitzt – Lheureux spielt die Hauptrolle bei Emmas Schicksal und Untergang. Vgl. auch 97,12f.: *Emma stieg als erste aus, dann folgten Félicité, Lheureux, eine Amme …* Ab diesem Moment wird Emma den gerissenen Kapitalisten in ihrem Rücken haben. Im handgezeichneten Lageplan Yonvilles, den man in Flauberts Nachlass fand, steht der Name »Lheureux« an erster Stelle der Einwohnerliste (vgl. *M. B.* Neefs, S. 144). Die Rolle dieses Händlers verallgemeinerte Flaubert gegenüber L. Colet wie folgt: »O Jesus! Jesus! So steig noch einmal herab, um die Händler aus dem Tempel zu jagen! Und mögen die Riemen, mit denen du sie geißelst, aus Tigerdärmen sein! Mögen sie in Vitriol getränkt sein, in Arsen! Sollen sie sie brennen wie glühende Eisen! Sollen sie sie zerstückeln wie Säbel, sollen sie sie zermalmen, wie es das Gewicht all deiner Kathedralen täte, türmte man sie auf über diesen Schändlichen!« (an L. Colet, 26. September 1853, S. 821). An Arsen wird im Roman nicht der Händler Lheureux – sondern die von ihm gejagte Emma sterben. Und *eine halbe Unze Vitriol* kauft der Steuereinnehmer Binet später bei Homais (206,24).

97,3 f. *Konstantinopel:* Vgl. Flaubert über Konstantinopel und Yvetot (Anm. zu 35,33).

Kapitel II

99,1 *Enteritis:* (griech.) Darmentzündung.

99,5 *skrofulöse Leiden*: (lat.) Skrofulose: Haut- und Lymphknotenerkrankung bei Kindern.

99,11 *Reliquien:* (lat.) Überreste, Gegenstände von Heiligen.

99,19 *Réaumur:* nach dem französischen Physiker benannte Einheit der Grade beim heute veralteten 80-teiligen Thermometer.

99,20 *Fahrenheit:* nach dem deutschen Physiker benannte Einheit der Grade beim 180-teiligen Thermometer.

99,28 *Ammoniak:* (ägypt.) übel riechende gasförmige Verbindung von Stick- und Wasserstoff.

99,31 f. *Emanationen:* (lat.) Ausflüsse.

99,36 *Miasmen:* (griech.) giftige Ausdünstungen des Bodens, deren Vorhandensein früher angenommen wurde.

100,15–104,15 *»Es gibt nichts Wunderbareres« ... zu Ende war:* »Ich bin dabei, eine Unterhaltung zwischen einem jungen Mann und einer jungen Dame zu schreiben, über die Literatur, über das Meer, die Berge, die Musik, eben alle poetischen Sujets. – Man könnte sie ernst nehmen, und sie zielt aufs äußerst Groteske. Es wird, glaube ich, das erste Mal sein, daß man ein Buch zu sehen bekommt, das sich über seine junge weibliche und seine junge männliche Hauptperson lustig macht« (an L. Colet, 9. Oktober 1852, S. 540).

100,34 f. *berühmten Musiker:* hier: Franz Liszt.

101,7 *›Schutzengel‹:* damals sehr beliebte Romanze von Pauline Duchambre (1778–1858).

101,24 *italienische Oper:* Gemeint ist das 1804 gegründete Théâtre-Italien in Paris, das italienische Opern mit italienischen Sängern aufführte; es hatte in den letzten Jahren der Restauration seine Glanzzeit.

101,29–102,4 *dem armen Yanoda … in Gelddingen nicht drauf ankam!:* Die Geschichte von Charles' Vorgänger in Yonville, dem polnischen Flüchtling (84) Yanoda, ist bereits ein unausweichliches Omen für Emmas Geschichte in seinem Haus.

103,24 *Rousseau:* Jean-Jacques, Schriftsteller und Philosoph der Aufklärung, der durch seine sozial- und kulturkritischen Schriften zum Wegbereiter der Französischen Revolution wurde.
Delille: Abbé Jacques Delille (1738–1813), französischer Dichter, Übersetzer von Vergils *Georgika* und Miltons *Verlorenem Paradies*, Vertreter der »klassischen« Schule. Berühmt durch seine »Lehrgedichte«.
Walter Scott: Vgl. Anm. zu 46,19.

103,24 f. *›L'Écho des Feuilletons‹:* literarische Zeitschrift des 19. Jh.s.

103,26 *das ›Leuchtfeuer von Rouen‹:* Zunächst sollte Homais' geheiligte Zeitung *Le Journal de Rouen* heißen – ein Blatt, das es ohne Wissen Flauberts schon gab, weshalb er einen anderen Titel brauchte – und einen dickensschen wählte.

103,27 f. *deren Berichterstatter für Buchy, Forges …:* über Buchy (und Quincampoix) verlief um 1840 die Route Yonville (Ry) – Rouen (vgl. 256). – Forges: rund 21 km nordöstlich von Ry.

103,29 *ich das Glück habe:* Hier folgte auf der *Revue*-Kopie eine dann von Flaubert gestrichene Passage über Homais als Zeitungsleser (vgl. *M. B.* Neefs, S. 166, Anm. 1). Flaubert selbst hasste Zeitungen – alle: »Ich bin wenig neugierig auf Nachrichten, die Politik macht mich fertig, das Feuilleton stinkt mir. Von all dem verblöde ich oder werde wütend. […] Ich habe einen tiefen Abscheu vor der Zeitung« (an L. Colet, 26. August 1846, S. 74 f.).

104,29 f. *Da das Haus … entfernt lag:* Die eindeutige Lage von Charles' und Emmas Haus in Yonville sowie die exakte Topographie des Ortes/Ortskerns lassen sich trotz der so genau wirkenden Angaben im Zweiten Teil, Kap. I nur – wie bei Les Bertaux und Tostes – relativ undeutlich bestimmen. Alles liegt jedoch äußerst eng beieinander. Auf der einen Seite des Marktplatzes befinden sich *Der Goldene Löwe,* das Bovary-Haus und die Kirche; auf der anderen die Mairie, die Apotheke, das *Café Français* sowie das Wohnhaus Binets. Lheureux hat seinen Laden auch irgendwo in der Nähe (vgl. 112). Die Unschärfe, in der Flaubert die präzise Existenz der Häuser Yonvilles belässt, hat mit den entfremdeten Beziehungen zu tun, in denen die Dörfler zueinander stehen. (Vgl. gleich in Kap. I des Zweiten Teils die erste ›Kommunikations‹-Szene im *Goldenen Löwen.*)

Kapitel III

106,14 *lymphatisch:* (griech.) blass.

106,26 *Sakristan:* katholischer Küster, Mesner.

106,35 f. *das Gesetz vom 19. Ventôse des Jahres XI:* (frz.) Ventôse, der ›Windmonat‹. Das war der 6. Monat des Kalenders der Französischen Revolution (19. Februar bis 20. März). Die Geburt der Republik sollte als das Maß aller Dinge gelten, nicht mehr die des christlichen Gottes. Nach dem neuen Kalender war man ab dem 22. September 1792 im ersten Jahr der Republik.

107,5 *Hermelinkragen:* Hermelin: großes Wiesel.

107,6 *Barett:* (lat.) flache, randlose Kopfbedeckung, auch als Teil einer Amtstracht.

109,37 *Galsuinde:* Galswinda, fränkische Königin. Sie wurde von ihrem Mann wegen einer Nebenfrau 567 ermordet.

110,1 *Yseult:* Isolde, die Geliebte Tristans in der Artus-Sage.

Léocadie: Titelheldin eines Dramas von Eugène Scribe (1791–1861), französischer Dramatiker und Verfasser von Komödien, besonders von Libretti für Opern und komische Opern. Emmas zweiter Gelieber Léon heiratet nach ihrem Tod als Notar *zu Yvetot* eine Léocadie – ein Mädchen, dessen Vorname so lautete wie der, den Emma für ihre Tochter wünscht – *Léocadie Lebœuf aus Bonneville* (421,26 f.).

110,15 f. *So repräsentierte Napoléon den Ruhm:* Diesen Teilsatz, von der *Revue* auf der Abschrift entfernt, setzte Flaubert im Zeilenzwischenraum wieder ein (vgl. *M. B.* Neefs, S. 173, Anm. 1).

110,16 *Napoléon:* Napoléon I. Bonaparte (1769–1821), Kaiser der Franzosen (1804–15). Er schlug 1795 als Kommandant der Pariser Garnison den Aufstand der Sektionen nieder, eroberte als Oberbefehlshaber 1796 die Lombardei und führte 1798 einen zweiten Italienfeldzug durch. Durch den Staatsstreich am 18. Brumaire (9. November nach dem Revolutionskalender) 1799 stürzte er das Direktorium und ließ sich zum Ersten Konsul für zehn Jahre ernennen und 1804 zum Kaiser krönen. – Es ist von einiger Komik, dass der Anhänger der *unsterblichen Grundsätze von 89* seinen Sohn nach dem ruhmreichen Mann benennt, der diese (die Revolution) für beendet erklärte.

110,18 *Athalie (Athalia):* Heldin der gleichnamigen letzten Tragödie Racines, uraufgeführt 1691. Voltaire rühmte sie als »Meisterwerk des menschlichen Geistes«.

110,33 *Racine:* Jean (1639–99), französischer Dramatiker (Klassik).

111,6 *Eibischmarmelade:* Eibisch: eine Heilpflanze.

111,8 *wiedergefunden hatte:* Flaubert strich hier eine amüsante Homais-Theorie über Bonbons (vgl. *M. B.* Vollmann, S. 494).

111,11 *»Gott der guten Leute«:* »Le Dieu des bonnes gens«, Titel und Refrain eines populären Liedes Bérangers.

111,12 *Barkarole:* (ital.) Gondellied.

111,14 *Zeit des Kaiserreichs:* des Ersten unter Napoléon I.

111,20 *»Krieg der Götter«:* »La Guerre des dieux«, parodistisches, antireligiöses Poem von E.-D. de Parny (1753–1814).

112,11–13 *Vielleicht trug sie sich ... zuzutrauen:* Von der *Revue* auf der Kopie gestrichen und von Flaubert wieder eingebaut (vgl. *M. B.* Neefs, S. 175, Anm. 1).

112,17f. *die sechs Wochen der Heiligen Jungfrau:* Zeit nach der Geburt eines Kindes, in der die Frau sich körperlich schonen soll.

112,19 *Rollets Haus:* Der Name wechselt in Flauberts Manuskript zwischen »Rollet« und »Rolet« – so auch in den Roman-Ausgaben. In der deutschen Reclam-Ausgabe wird »Rollet« gewählt, in der französischen »Rolet«.

112,18–34 *machte sie sich auf den Weg zu Rollets Haus ... des grauen ... Zeltdachs vor Lheureux' Laden:* Auch dieses Haus (113) ist lagemäßig im Roman nur verschwommen nachweisbar – wie desgleichen Lheureux' grauer Standort.

113,14 *Ligustersträucher:* (lat.) Ölbaumgewächse mit weißen Blütenrispen.

113,37 *mit skrofulösen Flecken im Gesicht:* Auch dieses auf der Abschrift durch die *Revue* beseitigte Detail wurde von Flaubert reaktiviert (vgl. *M. B.* Neefs, S. 177, Anm. 3).

114,14 *»Mathieu Laensberg«:* Autor eines populären Kalenders mit Wetterregeln und Alltagsratschlägen aus dem 17. Jh.

114,15–19 *Die einzige Zier … war:* Zu jenen *Revue*-Eingriffen der »beiden Kollaborateure« (Maupassant) Du Camp und Pichat in *Madame Bovary*, die dem »Unnützen« galten, gehörte wohl auch dieser Satz. Auf Wunsch Flauberts wurde er aber wieder eingesetzt (vgl. *M. B.* Neefs, S. 177, Anm. 6).

114,16 *Fama:* im alten Rom die Personifikation des Gerüchts.

114,25 *Nankingsommerkleid:* Nanking: ein gelber Baumwollstoff, urspr. in Nanking produziert.

117,9 *Klematis:* (griech.) Waldrebe, Kletterpflanze.

Kapitel IV

119,23 *Korallenstock:* baumförmiger, kleinbürgerlicher Zimmerschmuck. Später zerstört Emma ihn aus Wut über Charles' berufliches ›Versagen‹ (vgl. 229,37–230,1).

120,25 *Gallerte:* (lat.) durchsichtige, steife Masse aus eingedickten pflanzlichen oder tierischen Säften.

121,9 *Kalikoüberzügen:* Kaliko: nach der ostindischen Stadt Kalikut benannter dichter Baumwollstoff.

121,21 *»Trente-et-un«:* französisches Kartenglücksspiel.

121,22 *»Écarté«:* französisches Kartenspiel (32 Blatt) für zwei Spieler.

122,3 *»L'Illustration«:* illustriertes Wochenblatt, gegründet 1843. (Zu dieser Zeit des Romans – etwa Ende 1841 – gab es diese Zeitschrift noch nicht.)

122,17 *Pierrots:* Der Pierrot war eine komische (Diener-)Figur des italienischen Theaters in Paris; er trug eng anliegende Kappen.

122,27 f. *phrenologischen Schädel:* das Demonstrationsobjekt im Rahmen der Phrenologie, der Schädellehre. Diese untersucht Schädelformen und glaubt, dass besondere menschliche Anlagen und Fähigkeiten an Schädelwölbungen erkenntlich seien. Sie wurde begründet von dem deutschen Arzt Franz Joseph Gall (1758–1828).

Während Gall in Deutschland mit seiner Lehre nur Spott erntete, hatte er seit 1807 in den Pariser Salons großen gesellschaftlichen Erfolg. Auch Bouvard und Pécuchet glauben an Gall und führen an ihren Mitbürgern Schädeluntersuchungen durch ... (*Bouvard und Pécuchet*, S. 330 ff.).

124,3 f. *War ihr Mann nicht ein Stück ihrer selbst?:* Flaubert strich von sich aus eine hier zunächst angeschlossene Szene über Léon: »Eines Abends, beim Apotheker, ließ Madame Bovary beim Plaudern ihren Handschuh zu Boden gleiten. Léon stieß ihn unter den Tisch. Als alles schlief, schlich er hinunter, fand ihn mit Mühe und ging wieder zu Bett. Es war ein gelber Handschuh mit kleinen Falten entlang der Finger; und das Leder schien am Daumen ausgebeult, an der Stelle der Hand, wo sie am fülligsten ist. Léon senkte die Augen, und er erblickte ihn an Emmas Handgelenk, wo er sich, zugeknöpft und gespannt, kokett in tausenderlei Arten bewegte. Er atmete seinen Duft, er küßte ihn. Er schob die vier Finger seiner rechten Hand hinein und schlief mit daraufgepreßten Lippen ein« (*M. B.* Vollmann, S. 495). Emmas *gelber* Handschuh assoziiert auch in diesem »Repentir« Erotik.

Kapitel V

124,21 f. *eine Flachsspinnerei zu besichtigen:* Diese zählt zum Umkreis des Spinnen/Baumwoll-Spinnerei-Motivs im Roman (vgl. auch bisher Anm. zu 39,26 f. und 56,4–8).

127,5 *Als geborener Gascogner:* die Gascogne: ehemalige französische Provinz zwischen den Pyrenäen, der Garonne und dem Atlantik mit der Hauptstadt Auch.

127,19–21 *Als er seinen mit einem Trauerflor versehenen Hut ... stellte er einen grünen Karton auf den Tisch:* Lheureux tritt hier mit der für Emma fatalen Farbe Grün sowie schon dem unmissverständlichen Zeichen des Todes, *einem Trauerflor*, auf. Wenn er ihr *drei algerische Schals* (128,5) im *grünlichen Dämmerlicht* (128,15 f.) anbietet, wird sich der Leser später daran erinnern: als nämlich der Abgesandte von Lheureux' Strohmann Vinçart *in einem langen grünen Gehrock* (350,37) auftaucht und Emmas Tod vorbereitet. (Vgl. auch Anm. zu 3,22: Charles ist dem Grün ebenso verhaftet.)

128,16 *Goldpailletten:* glitzernde Metallblättchen zum Aufnähen.

129,23 *schloß er hinter sich die Tür:* Flaubert strich selbst im Anschluss folgende Erhellung von Lheureux' Geschäftspraktiken: »Eine Viertelstunde später kam Félicité herein und stieß Freudenschreie aus. Um die Schultern trug sie ein baumwollenes Tuch, das ihr Monsieur Lheureux gerade geschenkt hatte. Diese Arbeit eines Roueneser Genies, das auf rotem Grund schwarze Zacken hatte und mit bunten Figuren bemalt war, erregte die nächsten vierzehn Tage ungeheures Aufsehen dank seiner politischen Bedeutung. Auf gefällige Weise waren darauf Monsieur Guizot [...], Pritchard [...] und die Königin Pomaré [...] abgebildet, die an einem runden Tisch zusammen Bier tranken« (*M. B.* Vollmann, S. 495 f.).

131,18 f. *die Sachette in »Notre-Dame de Paris«:* Anspielung auf die Geschichte der Prostituierten Paquette la Chantefleur aus dem Roman Hugos, genannt Sachette, die ihr uneheliches kleines Mädchen inbrünstig liebt.

132,9 *Apotheose:* (griech.) Vergöttlichung, Verklärung.

134,3 *über ihr zu enges Haus:* An dieser Stelle folgte eine Beschreibung von Emmas Psyche, die von der *Revue de Paris* auf der Kopie gestrichen und von Flaubert nicht reaktiviert wurde: »Wie mit einem Schwamm über eine Wand, wischte sie mit ihrem Herzen über die Oberfläche des Lebens, sie wrang es leidenschaftlich aus und ließ eine starke Langeweile daraus herausrinnen. Sie hoffte, sich daran zu gewöhnen, aber ihr Abscheu war zu groß oder ihr Temperament zu schwach« (*M. B.* Vollmann, S. 496).

134,10–12 *so etwas wie der spitze Dorn … festgeschnallt war?:* Dieser Vergleich war auf der Abschrift von der *Revue de Paris* gestrichen worden. Flaubert fügte ihn aber wieder ein (vgl. *M. B.* Neefs, S. 197, Anm. 3).

135,10 *Le Pollet:* im 19. Jh. Viertel der Fischer in Dieppe.

Kapitel VI

136,15 *Tabernakel:* (lat.) Altarschrein in den katholischen Kirchen, in dem die geweihten Hostien aufbewahrt werden.

136,35–37 *Angelus … Zeichen für die Katechismusstunde:* Vgl. Anm. zu 10,8. Die Zeit auf dem Lande und für die Kirchengemeinde wurde durch den Küster organisiert. Das Angelusläuten regelte auch die Zeit des kindlichen Charles.

138,6f. *Sakristeischlüssel:* Sakristei: Kirchenraum für die Geistlichen und die gottesdienstlichen Geräte.

138,9 *Lastingstoff seiner Soutane:* Vgl. Anm. zu 80,27: die Lastingjacke des Friseurs in Tostes.

140,28 *Kassonade:* nur einmal raffinierter Zucker.

141,37 *Stutzuhr:* Vgl. 39,29, aber vor allem Anm. zu 361,14.

144,3 *Kariben oder Botukuden:* Kariben: Angehörige einer indianischen Sprachfamilie und Völkergruppe in Mittel- und Südamerika. – Botokuden: brasilianische Indianer. Sie trugen solche Ballonmützen wie die Sprösslinge von Homais und galten darüber hinaus noch als Kannibalen.

144,14 *Daguerreotypie:* 1838 von Daguerre und Nièpe entwickeltes Lichtbildverfahren – eine Vorstufe der Fotografie. Louis Jacques Mande Daguerre (1789–1851) entwickelte 1822 das Diorama und 1838 die Daguerreotypie. Die Mode der Daguerreotypie war zur Zeit von *Madame Bovary* noch ganz neu und deren Anfertigung sehr teuer. Vom Ende her wirkt Charles' Wunsch, seiner

Frau *sein Bildnis im schwarzen Frack* darbieten zu wollen, unheimlich.

145,4 f. *in die sich Selbstgefälligkeit mischte:* Hier folgt ein von Flaubert auf der Kopie getilgter Ratschlag von Binet an Léon, der das Billardspiel preist (vgl. *M. B.* Vollmann, S. 498).

145,20 *Grisetten:* junge, ›freizügige‹ Pariser Mädchen, meist Putzmacherinnen, Näherinnen, Wäscherinnen.

147,34 *englische Art:* hier das Schütteln der Hand anstelle des Handkusses. Diese Verabschiedung galt als leger und weltmännisch.

148,5–7 *Als er in der Markthalle war … weiße Haus mit seinen vier grünen Jalousien:* Léon sieht die Vorderfront des zweistöckigen (vgl. 253) Hauses, dessen Bild von den Farben Grün und Weiß geprägt wird (vgl. zur Todesfarbe Weiß u. a. auch 388,30). Fenster, mindestens eines, gehen auch nach hinten zum Garten und Fluss hinaus (135 f., 148,30 f., 262,34–37).

148,33 *Voluten:* (lat.) Begriff aus der Kunstwissenschaft, der die spiralförmige Einrollung am Kapitell ionischer Säulen bezeichnet.

150,2 *Faubourg Saint-Germain:* Pariser Stadtviertel, in dem im 19. Jh. die vornehme Gesellschaft, vor allem die Hocharistokratie, wohnte.

150,10 *Quidam:* (lat.) ein gewisser (veraltet für: ein gewisser Jemand).

150,32 f. *Pot-au-feu:* Rindfleischbouillon (s. auch Anm. zum Titel).

151,3 *»Hühnermilch«:* geschlagenes Eigelb mit Milch und Gewürzen. Diese Mischung galt als ›stärkend‹.

151,14 f. *des Départements Seine-Inférieure:* Aus ihm wurde im 20. Jh. das Département Seine-Maritime. Ein französisches Département ist eine Verwaltungseinheit; die 1789 vorgenommene neue Landeseinteilung richtete sich nach Flüssen, Gebirgen, Landschaften usw.

151,18 *Arrondissement:* Vgl. Anm. zu 57,21.

Kapitel VII

152,19f. *Kapuzinerkresse an der Laube zittern lassen …:* Vgl. 85,3f. *Yonville-l'Abbaye (so genannt nach einer ehemaligen Kapuzinerabtei).* Die anspruchslose, überall leicht wachsende und anzubauende Kapuzinerkresse (lat. Tropaeolum nanum) gibt es in vielen Farben.

153,36 *Kaschmirkleid:* Kaschmir: Ziegenhaar-Gewebe aus der gleichnamigen Landschaft in Vorderindien, das damals noch relativ neu war und als luxuriös galt. – Emma kommt es auf die nicht von ihr getragenen Kosten ihrer ›Leiden‹ erkennbar nicht an. Das teure Kaschmirkleid ist natürlich *blau.*

155,11 *Emmas wegen*: Flaubert verzichtete im Manuskript an dieser Stelle auf eine Homais und seine ›Einrichtung‹ (einen demolierten ›Bade‹-Bottich) einbeziehende Beratung über Emma (vgl. *M. B.* Vollmann, S. 498f.).

156,6f. *Die alte Bovary reiste an einem Mittwoch ab, und das war der Yonviller Markttag:* Der Mittwoch (»mercredi«) war in der Antike der Tag des Merkur. Der Merkur ist in der römischen Mythologie der Gott der Kaufleute und Diebe.

156,34f. *ein Herr in einem grünen Samtgehrock:* Boulanger, Emmas erster Liebhaber, trägt sogleich beim ersten Erscheinen Grün und *gelbe Handschuhe.* Er illustriert damit schon hier einerseits das grüne Samttuch, das Charles über Emmas Leiche legen lässt, und andererseits ihren Wunsch nach Erotik. Vgl. auch seine und Emmas Kleidung bei der *Tagung der Landwirte* (166,35 und 170,24f.). Boulangers *graue Flanellweste* (170,22) sollte man über den *hellgelben* Lackstiefeln nicht übersehen.

157,7f. *La Huchette:* Vgl. Anm. zu 202,32.

158,33 *Sklerotiken:* Membrane, die den hinteren Teil des Augapfels umschließen und die man zu sehen bekommt, wenn jemand seine Augen verdreht.

162,14f. *das ist das sicherste:* Hier endet die zweite Folge des Roman-Vorabdrucks in der *Revue de Paris* (15. Oktober 1856; vgl. *M. B.* Neefs, S. 227, Anm. 2).

Kapitel VIII

162,18f. *Vom Morgen des festlichen Tages an …:* »Heute morgen war ich bei einer Landwirtschaftsausstellung, von der ich tot vor Müdigkeit und Langeweile zurückgekommen bin. Ich mußte mir für den zweiten Teil meiner *Bovary* eine dieser blödsinnigen ländlichen Zeremonien ansehen. Und doch ist es das, was man den Fortschritt nennt und worauf die moderne Gesellschaft zustrebt. Ich bin davon physisch krank« (an L. Colet, 18. Juli 1852, S. 478).

162,25 *des Herrn Präfekten:* Präfekt: in Frankreich seit 1800 der vom Staatsoberhaupt ernannte oberste Verwaltungsbeamte eines Départements.

162,27 *Nationalgarde:* eine Art Bürgerwehr, die 1789 während der Französischen Revolution in Paris entstand und 1790 in ganz Frankreich eingeführt wurde. Unter den Bourbonen wurde sie 1827 aufgelöst, aber 1830 trat sie wieder auf. Sie bestand bis 1872, als sie durch Regierungsdekret endgültig aufgelöst wurde.
von Buchy: Vgl. Anm. zu 103,27f.

163,10f. *Trikoloren:* Vgl. Anm. zu 90,1f.

164,13 *Nankinghose:* Vgl. Anm. zu 114,25.

164,20f. *vergraben bin als die Maus … in ihrem Käse:* Anspielung auf die Fabel von Jean de La Fontaine *Die Ratte, die sich von der Welt zurückgezogen* (7. Buch, Fabel III).

165,3 *Molekularverhältnisse:* Molekül: (frz.) kleinste Einheit einer chemischen Verbindung.

165,8 *Miasmen:* Vgl. Anm. zu 99,36.

165,18 *Kapillarität:* Begriff aus der Physik, der das Verhalten von Flüssigkeiten in engen Röhren bezeichnet.

166,8 *Pomologie:* (griech.) Obst(bau)kunde; in der römischen Mythologie ist Pomona die Göttin der Baumfrüchte.

166,32–37 *Lheureux ... Madame Bovary ... Monsieur Boulanger:* Die Farbe Grün, Emma, Lheureux und Boulanger gemeinsam, verklammert in Gestalt von Emmas Hut hier Lheureux und Boulanger direkt miteinander. Grün gehört ebenfalls von Anbeginn an zu dem Mann, der Emmas *grünen Hut* an dieser Stelle anspricht und in dessen Apotheke das Gift steht: Homais. *Ein Mann in grünen Lederpantoffeln ... es war der Apotheker* (90,29–35).

167,24 *ihres Kapotthuts:* Der Kapotthut war ein Hut, der von Bändern gehalten wurde, die unter dem Kinn gebunden wurden.

168,25 *Orakel:* (lat.) rätselhafte Weissagung; auch Ort, an dem Seherinnen oder Priester Weissagungen verkündeten.

169,4 *Hippodrom:* (griech.) Reitbahn.

169,8 *Kruppen:* Kruppe: Kreuz des Pferdes.

170,7–25 *seinen blauen Ausweis ... hellgelben ... Halbstiefel:* Emmas erster Liebhaber vereinigt in seiner Person die für Emma so verheißungsvollen Farben Blau und Gelb, aber in seiner angesprochenen *grauen Flanellweste* ebenso das Grau des Realismus und des Geldes (s. Lheureux' Laden, vgl. Anm. zu 112,34f.). Dieses Grau empfing Emma wie wegweisend gleich am Abend ihrer Ankunft in Yonville: *Der Ort lag im Schlaf. Die Pfeiler der Markthalle warfen lange Schatten. Der Erdboden war ganz grau ...* (104,26f.).

172,20 *Mietlandauer:* Landauer: vierrädriger Wagen mit zwei aufklappbaren Verdecken über den Vorder- und Rücksitzen.

173,22 *Dreispitz:* früher: dreieckiger Hut.

173,28 *Hippolyte:* In der griechischen Mythologie ist Hippolytos der Sohn des Theseus und der Hippolyte. Nach deren Tod heiratet Theseus Phädra, die eine Leidenschaft für ihren Stiefsohn Hippolytos entwickelt. Darüber hinaus will sie ihn dazu bringen, seinen Vater vom Thron zu stoßen und die Herrschaft mit ihr zu teilen. Als er nach Phädras Selbstmord auf Befehl seines Vaters die Stadt verlässt und mit seinen Pferden am Meeresufer entlangfährt, erhebt sich aus dem Meer ein Ungeheuer, vor dem die Rosse scheuen. Hippolytos, ein Meister im Wagenlenken, wird von ihnen auf den Felsen zu Tode geschleift. – Den pferdefüßigen Stallknecht des *Goldenen Löwen* nach dem antiken Pferdelenker zu benennen, verbindet Flaubert mit einer zweiten Ironie, nämlich dem Namen der Magd des Gasthofes – Artémise (vgl. Anm. zu 90,36). Die Ironie verweist nicht zuletzt auf die Vermessenheit Yonvilles, als antike Stätte erscheinen zu wollen: So hat das Dorf sein *Bürgermeisteramt »nach den Entwürfen eines Pariser Architekten«* als *eine Art griechischen Tempel* bauen lassen (88,18–20), inklusive dreier ionischer Säulen, und ja auch seinen Markttag am Tag des Merkur eingerichtet. – Die Figur des hinkenden Stallknechts Hippolyte (vgl. auch 104,20–23) hat Thomas Mann im *Zauberberg* im hinkenden Concierge des Sanatoriums »Berghof« wiedererweckt.

174,5–11 *Sämtliche Westen ... ihrer derben Schuhe:* Diese für die *Revue de Paris* offenbar staatsbeleidigende Passage wurde von der Leitung gestrichen, aber von Flaubert wieder eingesetzt (vgl. *M. B.* Neefs, S. 239, Anm. 4).

174,7 *Petschaft:* (tschech.) Stempel zum Siegeln.

174,8 *Karneol:* (ital.) ein rot bis gelblich gefärbter Schmuckstein.

174,10 *nicht dekatiertes Tuch:* dekatieren: besonders Wollstoffe durch Dämpfen knitterfrei und bügelecht machen.

175,15–17 *des Monarchen ... unseres vielgeliebten Königs:* Louis-Philippe (1773–1850). Er übernahm nach der Julirevolution, die 1830 Karl X. zur Abdankung zwang, zunächst die Regentschaft und bestieg dann als König der Franzosen den Thron. Er herrschte im Interesse der Finanzbourgeoisie und wurde 1848 durch die Februarrevolution gestürzt (vgl. IV,3).

178,33–35 *»Aber man muß sich doch ... nach der Meinung der Leute ... ihrer Moral fügen«:* Diese zutiefst bürgerliche Ansicht kennzeichnet Emma nach Flauberts Definition als ›schwach‹: »Alles schart sich ums Offizielle; die Schwachen streben nach dem Schicklichen, sie fühlen sich vage von einer zahllosen Mehrheit gestützt« (an L. Colet, 21. Mai 1853, S. 679).

181,28–30 *und sie roch sogar den Duft der Pomade ... erglänzen ließ:* Diesen Satz strich die *Revue*-Leitung auf der Kopie. Flaubert fügte ihn zwischen den Zeilen wieder in seinen Text ein (vgl. *M. B.* Neefs, S. 245, Anm. 1).

182,18 *Kapitelle:* Kapitell: (lat.) Begriff aus der Architektur, der den oberen Abschluss einer Säule (oder eines Pfeilers) bezeichnet. Er verbindet den Säulenschaft mit dem darauf ruhenden Gewölbe.

183,19 *Magnetismus:* Der deutsche Arzt Franz Mesmer (1734–1815) begründete die Lehre vom tierischen Magnetismus (Mesmerismus), wonach elektromagnetische Kräfte vom lebendigen Organismus ausgehen sollen.

183,30 *Cincinnatus:* Lucius Quinctius Cincinnatus: 460 v. Chr. römischer Konsul; wegen seiner angeblichen ›Schlichtheit‹ hoch angesehener ›einfacher‹ römischer Edelmann. Zweimal zum Diktator ausgerufen, kehrte er jedes Mal nach kurzer Zeit zu seiner Feldarbeit zurück.

183,31 *Diocletian:* (um 243 – um 316), römischer Kaiser. Auch er soll, zur abermaligen Machtausübung gedrängt, gesagt haben, er wolle lieber sein restliches Leben über »Salat anbauen«.

184,11–185,31 *Für Monsieur Bizet aus Quincampoix ... Catherine-Nicaise Elisabeth Leroux aus Sassetot-la-Guerrière:* Vgl. Anm. zu 35,330 und zu 90,1 f.

184,19 *Für Monsieur Caron aus Argueil:* Zweimal spielt im Roman eine Madame Caron aus Yonville eine Rolle – beide Male in Emmas Nähe (vgl. 267,16 und Anm. zu 377,8; vgl. auch Anm. zu 429,17).

185,6 *ex aequo:* (lat.) zu gleichen Teilen.

185,30 f. *Catherine-Nicaise-Elisabeth Leroux:* Diese ausgebeutete Magd, die bei der »Tagung der Landwirte« *für fünfundvierzig Dienstjahre auf demselben Pachthof* schäbigst ›prämiert‹ wird, kann das Urbild der Félicité in *Un cœur simple* sein. Ihre Titulierung als *ein halbes Jahrhundert der Dienstbarkeit* (187,7 f.) erinnert auffallend an den Eingangssatz der Erzählung. Ihre *große blaue Schürze* (186,19) steht für das *ehrliche*, schlichte, reine, in diesem Sinn ›*echt*‹ romantische Herz auch dieser Dienerin.

186,1 f. *im Wert von fünfundzwanzig Francs:* Der Wert der Medaille der Dienstmagd entsprach damals ungefähr der Tagesdiät eines französischen Parlamentariers.

186,21 *Reinette-Apfel:* französische Apfelsorte mit festen, haltbaren grünen Früchten.

187,2 *das Kreuz der Ehrenlegion:* von Bonaparte 1802 gestifteter Orden als Auszeichnung für militärische und zivile Verdienste. Es ist der einzige heute noch bestehende französische Orden, der vom Staatsoberhaupt verliehen wird. Der Stern der Ehrenlegion wird von den Rittern, dem untersten Grad, auf einem roten Moiréband auf der linken Brust getragen; von den Offizieren ebenso, aber auf einer Rosette; von den Kommandeuren an einem breiteren, um den Hals hängenden roten Moiréband; von den Großoffizieren auf der rechten Brust. Der Großkordon, die höchste Auszeichnung, ist auf einer breiten roten Moiréschärpe unterhalb der rechten Schulter befestigt; außerdem tragen die Inhaber des Großkordons auf der linken Brust den Großoffiziersstern. – Homais giert bekanntlich geradezu nach dem Kreuz der Ehrenlegion und kriegt es am Ende auch (vgl. 427,20–428,16 und 431,17f.). Zuvor lässt er in seiner Ungeduld *in seinem Garten ein Rasenstück in Gestalt des Kreuzes der Ehrenlegion anlegen, mit zwei kleinen Graswülsten oben, die das Band darstellen sollten.*

188,2 *Bataillonstambour:* Tambour: veraltet für: Trommler.

188,25f. *den Messingplatten der Tschakos:* (ungar.) früher Kopfbedeckung in Zylinderform mit Schild bei Militär und Polizei.

190,36 *Phalangen:* die Veteranen der Napoléonischen Kriege.

191,35f. *Jünger Loyolas:* Der Spanier Ignatius von Loyola (1491–1556) war der Gründer des Jesuitenordens 1534 (vgl. Anm. zu 406,35).

Kapitel IX

192,17f. *Die kleinen Musselingardinen:* Vgl. Anm. zu 65,26f.

192,21 *Korallenstocks:* Vgl. Anm. zu 119,23.

195,11 *Reitkleid:* Die Reiterinnen trugen im 19. Jh. auf dem Pferd einen langen und weiten Rock.

195,19 *Pompons:* (frz.) knäuelartige Quaste aus Wolle oder Seide.

199,8 *Piedestal:* (frz.) Sockel, Untersatz.

199,20–34 *Er zog sie mit sich … gab sie sich hin:* Die Natur zeigt sich während dieser Liebes- oder besser Verführungsszene leblos bis tot und dementiert so das Glück, das Emma ihr unterstellt. *Nach* der Szene zeigt sich die Natur dann wie besänftigt (200,3f.).

200,11–13 *Rodolphe, die Zigarette zwischen den Zähnen, flickte mit seinem Taschenmesser den gerissenen der beiden Zügel:* Emmas Doppelmoral stört sich an Charles' ›bäurischem‹ Taschenmesser sehr (125,36–126,2), an Rodolphes Taschenmesser aber nicht im Geringsten.

202,32 *La Huchette:* Dieses dem Namen nach fiktive Schloss lag in der Realität bei Saint-Denis-le-Thiboult, einem Dorf unmittelbar bei Ry oberhalb des Crevon.

203,1–3 *das Haus ihres Geliebten, dessen zwei schwalbenschwanzförmige Wetterfahnen sich schwarz vor dem fahlen Dämmerlicht abzeichneten:* Die Farbe Schwarz empfängt Emma bei Boulanger ebenso wie die Farbe Gelb in Gestalt der *gelben Gardinen vor den Fenstern* (203,35).

204,2 *Aureole:* (lat.) Heiligenschein; Hof um Sonne und Mond.

Topasen: Topas: (griech.) ein Schmuckstein.

Kapitel X

206,24 *Vitriol:* (lat.) veraltet für: kristallisiertes, kristallwasserhaltiges Sulfat von Zink, Eisen oder Kupfer.

206,26 *Acidum sulfuricum:* hochgestochener Homais-Name für Vitriol.

206,36 *Mörser:* schalenförmiges Gefäß zum Zerkleinern.

207,9 *Oxalsäure:* Säure, deren Salze in bestimmten Pflanzen vorkommen.

207,21 *Kolophonium:* Vgl. Anm. zu 35,14. Kolophonium benutzte auch der Geigenspieler bei Emmas und Charles' Hochzeit.

207,22 f. *Knochenkohle:* schwarzer Fleckentferner, gewonnen aus der Verkohlung von tierischen Substanzen.

209,15–23 *Durch die blätterlosen Zweige der Jasminbüsche … enger umarmen:* Ähnlich wie die ›Verführungsszene‹ enthält auch diese die Elemente Kälte, Schatten und Todesnähe. Wieder widerspricht die Natur-Kulisse dem Glück, das Emma ihrem Liebesabenteuer förmlich andichtet. Vgl. auch die letzte »Lauben«-Szene zwischen Boulanger und Emma (245,20–246,11) sowie Charles' Sterben in der Laube am Romanende (430,21–28), bei dem sich die Verhältnisse genau umkehren: Sein Tod wird von einer Natur-Atmosphäre des Lichts und der Wärme umgeben.

211,37–214,7 *von einem Brief begleitet … Reichtum zurückläßt:* Infolge ihres Charakters, der romantische Gefühlsduselei mit Härte paart ([…] *sie alles andere als weichherzig war und kaum zur Teilnahme am Unglück anderer befähigt,* 82,28–30), gezeigt besonders in ihrem Verhalten gegenüber Charles, gerade auch nach der folgenden Klumpfußoperation, sowie gegenüber ihrer Tochter, erscheint Emma dem objektiven Leser häufig als eine junge Frau mit letztlich kaltem Herzen, die große Gefühle nur inszeniert. Doch die innere Verfassung, in der sie den Brief ihres einsamen Vaters liest, ist authentisch und beweist, dass ihre Seele von den trivialromantischen Ideen verschüttet und vom Einfluss ihrer eigenen Natur (wie Flaubert sagte) korrumpiert worden ist. Folgerichtig entwickelt sie nach ihren unmittelbaren Kindheitserinnerungen einmal wirkliche Liebe zu ihrem Kind, das der Totengräber Lestiboudois bedroht (214). Eine ähnliche Wärme des Gefühls zeigt sie (Charles und) Berthe gegenüber noch ein Mal: als sie das Gift genommen hat, kurz vor ihrem Tod (vgl. 392–394). Ebenso fühlt sie nach dem Maskenball in Rouen (360,25–27).

Kapitel XI

215,23 *strephopodische Operationen:* Klumpfußoperationen.

216,13 *das Werk des Doktors Duval:* Vincent Duval (1796–1876), *Traité pratique du pied-bot* (1839). In diesem Buch beschrieb Duval mit Namen eine von Flauberts Vater ausgeführte, danebengegangene Klumpfußoperation. Mag sein, dass Flaubert sich dafür zu revanchieren versucht, wenn er Charles auf Grundlage gerade dieses Fachbuches dilettantisch scheitern lässt.

216,16–21 *über Pferdefußbildungen, Varus und Valgus,*

also über Strephokatopodie, Strephendopodie, Strephexopodie (oder, um es klarer auszudrücken …), … über Strephypopodie und Strephanopodie (mit anderen Worten: …): Flauberts Rache ist die Satire.

218,23 *Ambroise Paré:* bedeutender Chirurg (um 1517–90). Vor ihm war jahrhundertelang die Blutstillung durch ›Behandlung‹ der Wunde mittels des Glüheisens bewerkstelligt worden.

Celsus: Aulus Cornelius Celsus, römischer Arzt und Schriftsteller im 1. Jh. v. Chr. Verfasste neben anderen enzyklopädischen Werken auch *De medicina*, welches das medizinische und vor allem chirurgische Wissen der Epoche zusammenfasste. Galt als »Cicero der Medizin«.

218,26 *Dupuytren:* Guillaume Dupuytren (1777–1835), französischer Chirurg.

218,27 *Gensoul:* Joseph Gensoul (1797–1858), chirurgische Kapazität aus Lyon (Kieferchirurg).

218,33 *Charpie:* auch Scharpie: Leinwand, die man in zerrupftem Zustand für Verbände gebrauchte (anstelle von Watte).

220,34 *de visu:* (lat.) Homais meint: mit eigenen Augen.

221,3 *in bacchischen Tänzen:* Homais bemüht hier die wilden Tänze, die in der Antike dem Wein-Gott Bacchus dargebracht wurden.

222,13 *Hitzeblattern:* mit seröser (Serum enthaltender) Flüssigkeit gefüllte Hautbläschen.

224,20 f. *eine Wallfahrt nach Bon-Secours:* damals neue Kirche und Dorf bei Rouen auf der gleichnamigen Anhöhe über der Stadt und der Seine gelegen (vgl. auch Anm. zu 13,25 f.).

227,4 *Schlagfluß:* veraltet für: Schlaganfall.

228,20 *einen Prozeß gegen ihn anstrengen:* Vgl. Anm. zu 13,28. Charles darf diesen Eingriff nicht ausführen, denn er ist für ihn nicht ausgebildet.

229,35–231,1 *Emma biß sich auf die fahlen Lippen …*

Nervenkrankheit: Emmas Reaktion auf die misslungene Operation, die sie ihrem Mann aus kleinbürgerlichem Ehrgeiz aufgezwungen hat, ist seine unromantische eheliche Vernichtung. Sie ist nicht nur nerven-krank.

229,37 *des Korallenstocks:* Vgl. Anm. zu 119,23 und 192,11.

Kapitel XII

232,15 *Ziseleurs:* (frz.) Metallstecher.

232,16 *Cold Cream:* urspr. aus England kommende, wohlriechende und hautverschönernde Salbe.
Patschuli: (tamil.) stark duftendes Parfüm aus der indischen Patschulipflanze. Der aus dem Pogostemon patchouli gewonnene Duftstoff wurde als aufdringlich empfunden.

232,28 *Pikeeunterröcke:* Pikee: Baumwollgewebe.

232,33 *Krinoline:* (frz.) früher Bezeichnung für Reifrock.
Agraffen: (frz.) Schmuckspangen.
Die Stelle *über die Krinoline oder die Agraffen* wurde zunächst von der *Revue*-Leitung gestrichen, aber von Flaubert reaktiviert (vgl. *M. B.* Neefs, S. 296, Anm. 4).

234,24 *Sankt Petrus-Tag:* der 29. Juni.

235,9 *Napoleons:* auch Napoleondor: unter Napoléon I. und III. geprägte Goldmünze im Wert von zwanzig Francs.

235,30 f. *»Amor nel cor«:* (ital.) »Liebe im Herzen« (vgl. II,2).

236,17 f. *Emma weinte … mit Wortspielen schmückte:* Diese Stelle strich die *Revue*-Redaktion auf der Kopie, Flaubert machte das rückgängig (vgl. *M. B.* Neefs, S. 300, Anm. 1).

236,27 *Geliebte:* Flaubert benutzte die Vokabel »concubine«, die die *Revue*-Redaktion anstößig fand. Sie wurde von Flaubert aber durchgesetzt (vgl. *M. B.* Neefs, S. 300, Anm. 2).

237,23f. *Herzog von Clarence ... Malvasier:* Der wegen Hochverrats zum Tode verurteilte Herzog von Clarence (1449–78) soll der Legende nach auf die Frage, welche Todesart er wünsche, geantwortet haben, er wolle in einem Fass voll Malvasierwein, seinem Lieblingswein, ertränkt werden. Der Malvasierwein war schon in der Antike ein gern getrunkener Süßwein.

241,11–16 *Man hätte sagen können ... der es Tag für Tag aufnestelte:* Diesen Satz fand die *Revue*-Leitung wohl zu frivol. Die Streichung konnte Flaubert jedoch revidieren (vgl. *M. B.* Neefs, S. 305, Anm. 2).

241,23 *sie zu wecken:* Hierauf folgte im Text eine weitere ›anzügliche‹ Passage, die von der *Revue* entfernt und trotz Flauberts Wunsch nicht wieder eingefügt wurde: »Aber er glitt an ihre Seite und küßte sie zart zwischen der Nachtmütze und dem Tuch auf den Hals. Durch die Wäsche hindurch fühlte er beim Einschlafen unbestimmt die Formen ihres Körpers. Emma, die auf dem Rücken lag, stieß mit geschlossenen Augen den Arm zurück, den er mit einer matten Bewegung voll schüchterner Begehrlichkeit nach ihrem Herzen ausstreckte« (*M. B.* Vollmann, S. 501).

242,21–243,16 *hing sie anderen Träumen nach ... harmonisch, bläulich und sonnenbeglänzt:* Obgleich Emmas Träume vom anderen Leben als dem real existierenden nicht besonders konkret sind – sie träumt von Blumen, Gitarren, blauem Himmel, Strand und Meer und einem leichten, sanften Leben – , sind sie es, die sie prinzipiell über ihre Umgebung und Mitmenschen hinausheben. Emma verfügt über die unter Bürgern höchst seltene Gabe, den »So ist es«-Zustand wenigstens in der Phantasie zu transzendieren. Diese Fähigkeit nannte Jules Gaultier in seiner berühmten Studie »bovarysme«.

245,20–246,11 *Der Mond .... vom Spalier fallen:* Vgl. Anm. zu 209,15–23. Auch hier hält sich nur vordergründig die Idylle einer romantischen Liebesnacht. Deren kontrastierende Aspekte oder Doppelstruktur (die fallende Mondbewegung, Momente der Reglosigkeit, Auflösung, Schattenhaftigkeit, Schwärze) hat M. Hardt nachgewiesen (1964, bes. S. 153–155). Boulanger drückt genau dies zynisch aus: *»Ach, die schöne Nacht!« sagte Rodolphe* (246,12).

245,36 *in tiefen Zügen ein:* Auch der urspr. im Text hier folgende Satz missfiel der *Revue*-Leitung, sie strich ihn gegen Flauberts Willen. Er tauchte nicht wieder auf; auch in der Buch-Ausgabe nicht. »Von Zeit zu Zeit schob er ihren Morgenmantel etwas zur Seite und entblößte einen Teil ihres Brustansatzes, der unter dem fahlen Mondschein noch weißer war« (*M. B.* Vollmann, S. 502).

247,26 *durch die Wiesen hin:* Die *Revue de Paris* ließ an dieser Stelle Kap. XII eigenmächtig enden und damit die dritte Roman-Lieferung vom 1. November 1856 (vgl. *M. B.* Neefs, S. 312, Anm. 1, 2). Sie unterschlug damit eine aufschlussreiche Passage über Boulanger und seinen Charakter (247,27–248,6).

Kapitel XIII

251,9f. *Manzanillabaums:* Wolfsmilchgewächs mit sehr starkem Giftgehalt. Der Baum (Mittelamerika/Westindien) lieferte Pfeilgift. Er hieß auch »Gift-« oder »Todesbaum«; seine bloße Nähe soll todbringend sein.

252,29 *ein Körbchen Aprikosen:* Neefs benennt die weiblich-sexuelle Symbolhaftigkeit dieser Frucht (*M. B.* Neefs, S. 317, Anm. 1). Doch sein Beleg aus Zolas *Le Ventre de Paris* (1873) (*des abricots cadavéreux,* »leichenartige Aprikosen«, V. Kap.) hat eine ganz andere Implikation, die Flaubert hier eher gemeint haben dürfte; nach Erhalt des Korbes mit den *Aprikosen* stürzt sich Emma fast in den Tod.

256,20 *Tilbury:* zweisitziger, zweirädriger leichter Wagen mit Klappverdeck.

257,28 *Paroxysmus:* anfallartige Steigerung von Krankheitserscheinungen. Hier eher fehl am Platze, genauso wie Homais' weitere gelehrten Erläuterungen zum Thema (257–259).

258,19f. *Nepeta cataria, gemeinhin Katzenminze genannt:* früher Heilmittel gegen Brust- und Frauenleiden.

258,24 *in der Rue Malpalu:* in Rouen, unweit der Kathedrale.

258,28 *in Bois-Guillaume:* damals Dorf bei Rouen, gelegen auf einer Anhöhe vor der Stadt, wenn man auf der Landstraße von Quincampoix (also auch aus Richtung Ry) kam (vgl. auch 325,8–10 und 329,14).

259,11 *›That is the question!‹:* (engl.) zum Gemeinplatz gewordener Ausspruch Hamlets.

259,16 *eine Hirnhautentzündung:* Nicht zufällig, sondern sozusagen interpretatorisch wählt Flaubert für Emma eine schwere Krankheit des Kopfes.

259,18 *Dreiundvierzig Tage:* Vgl. Anm. zu 32,12f.

260,3–5 *sie ging Schritt für Schritt … und lächelte unaufhörlich:* ein Bild für Emmas fast durchgehende Posen dem Leben gegenüber. Mit ihrer zentralen Eigenschaft der Uneigentlichkeit, dem Fühlen und Handeln nach Schablonen, greift Flaubert ein typisches Verhaltensmuster des modernen Menschen an (vgl. – u. a. – bes. 54,17–30 und die dazugehörige Anm.).

260,28f. *Und zu alledem … Geldsorgen!:* Lheureux' Zugriff auf das Haus Bovary wird ab jetzt unerbittlich (vgl. 260–262).

Kapitel XIV

262,13f. *eine neue Postkutschenlinie zwischen Argueil und Rouen:* Diese Überlegungen von Lheureux waren im Zuge der Entwicklung des Handels und des Transportwesens in der Zeit der Juli-Monarchie realistisch und tendenziell lukrativ. Sein Vorhaben gelingt (vgl. 429,12f.).

Lheureux ist denn auch einer der beiden Sieger in *Madame Bovary.*

263,8 *dann kamen die Regenfälle:* Flaubert strich in seinem »Endmanuskript« zwei sich anschließende Sätze über Emmas Gefühle: »Nichts hatte bisher der schalen Monotonie dieser Tage geglichen. Sie waren so leer und eintönig, daß sie fast süß waren durch das Übermaß ihrer Banalität und Monotonie« (*M. B.* Vollmann, S. 502).

263,35 *Dahlienblüten:* Dahlie: nach dem schwedischen Botaniker Dahl benannte Zierpflanze.

264,7 *Ziborium:* (griech.) in der römisch-katholischen Kirche Aufbewahrungsgefäß für Hostien.

264,14 f. *Klingen seraphischer Harfen:* seraphisch: zu den Engeln gehörend, engelgleich; verzückt.

265,18 *de Maistre:* Joseph de Maistre (1753–1821), französischer Schriftsteller und Philosoph, Gegner der Französischen Revolution, verteidigte gegen sie König und Papsttum. Bekannt durch sein Werk *Les Soirées de Saint-Pétersbourg* (1821).

265,23 f. *»Voltaires Irrtümer, zum Gebrauch für die Jugend«:* Die Widerlegung von Voltaire, dem Hauptvertreter der französischen Aufklärung, war zu einem eigenen Posten im *Handel mit frommen Büchern* geworden.

266,6 *in einem unterirdischen Gewölbe:* Flaubert strich im Anschluss hieran eine weitere Passage über Emmas diesmal nur manierierte und geborgte Gefühle. »Sie hatte darauf die düstere Klage ihrer verlorenen Jugend gesungen. Sie hatte die schweren Entschlüsse ihrer Hoffnungslosigkeit einen nach dem andern hinabfallen hören, und jetzt legte sich eine endlose Folge vergangener Schmerzen voller Schatten, Staub und Gold zwischen sie und trennte sie für immer« (*M. B.* Vollmann, S. 502).

266,10–13 *Wenn sie … zugeflüstert hatte:* Diesen Satz strich die *Revue*-Redaktion auf der Abschrift; Flaubert nahm ihn wieder ins Manuskript auf (vgl. *M. B.* Neefs, S. 331, Anm. 2).

266,21 *La Vallière:* Vgl. Anm. zu 44,5.

267,11 f. *Kaldaunenwurst:* Kaldaune: (lat.) essbares Eingeweidestück.

267,12 *zu bestellen:* Flaubert selbst verzichtete auf eine urspr. hier angeschlossene längere Passage über Charles' rüden Vater (vgl. *M. B.* Vollmann, S. 502).

269,2 f. *um Krebse zu fischen:* Es folgte hier ein »Repentir« über Krebse und Binet (vgl. *M. B.* Vollmann, S. 504).

269,4 *Kruken:* Kruke: (norddt.) großer Krug, Tonflasche.

269,23 f. *den berühmten Tenor Lagardy:* offenbar ein erfundener Schauspieler (vgl. 276,25 f.).

269,31 *›Castigat ridendo mores‹:* (lat.) »Lachend verbessert sie die Sitten«: urspr. von de Santeul (1630–97) für die Komödie resp. das Theater geprägtes Motto, das dann durch Molière bekannt und sprichwörtlich wurde.

270,10 *da man einen Galilei in den Kerker warf:* Der italienische Physiker Galileo Galilei (1564–1642) hatte durch Beobachtungen der Gestirne mit Fernrohren nachgewiesen, dass Nikolaus Kopernikus (1473–1543) mit seinem 1543 veröffentlichten Buch *Über die Bewegung der Himmelskörper* im Recht war. Darin stellte er die Weltvorstellung des Mittelalters in Frage, derzufolge die Erde eine Scheibe im Mittelpunkt des Weltalls sei, um die alle Gestirne kreisten. Kopernikus vertrat dagegen die Ansicht, die Sonne sei der Mittelpunkt, um den sich die Planeten einschließlich der Erde drehten. Als Galilei diese Theorie unterstützte, stieß er auf den Widerstand der katholischen Kirche; er kam in den Kerker und musste seiner Auffassung abschwören.

270,27 *exkommuniziert:* in der katholischen Kirche Ausschluss aus der Kirchengemeinschaft.

270,30 *Mysterienspiele:* mittelalterliche geistliche Dramen.

273,23 f. *Glorias:* Gloria: in Frankreich süßer, starker Kaffee, auf dem ein Löffel Calvados abgebrannt wird.

Kapitel XV

274,9f. *»Lucia von Lammermoor«:* Oper von Gaetano Donizetti (1797–1848). Sie wurde 1835 in Neapel uraufgeführt, in Paris erstmals 1837 gespielt und hatte großen Erfolg. Das Libretto basiert auf dem Scott-Roman *Die Braut von Lammermoor* (1819).

274,12f. *alle gezückten Taschentücher tupften rote Stirnen ab:* Dieses Detail strich die *Revue*-Redaktion, was auf Wunsch Flauberts revidiert wurde (vgl. *M. B.* Neefs, S. 340, Anm. 1).

274,14f. *Zwillichmarkisen:* Zwillich: auch Zwilch, Drell: sehr dicht und fest gewebtes Leinen- oder Baumwollgewebe.

274,16–20 *Etwas weiter unten ... wo die Fässer rollen:* Diese zwei Sätze wurden von der *Revue* gestrichen (wohl auch als »unnütz«), aber auf Wunsch Flauberts wieder eingefügt (vgl. *M. B.* Neefs, S. 340, Anm. 2).

274,18f. *Rue des Charettes:* Straße in Rouen am Hafen.

275,7 *unterhielten sie sich ... über Baumwolle:* Vgl. das »Baumwoll«-Leitmotiv.

275,8 *Indigo:* (span.) blauer Farbstoff, zum Färben von Stoffen verwendet. In Rouen war die Färberei im 19. Jh. ein wichtiger Industriezweig (vgl. 11/12 resp. Anm. zu 11,26).

275,14–16 *apfelgrünen Halsbinden ... gelben Handschuhe:* Zwei aus Emmas Beziehung zu Boulanger bekannte farbsymbolische Details zeigen an, dass ihr Untergang hier im Theater von Rouen, wo sie Léon wiederbegegnet, seinen Anfang nimmt (vgl. Léons Kombination von Grün und Gelb in seiner Person in Teil III). Vgl. auch den *grüngekleideten Knappen* in der gespielten Oper (276,18 f.), dem *eine junge Dame eine Börse* zuwirft. Grün, Geld und Gelb bedeuten Emmas Ende (vgl. Anm. zu 156,34f. und zu 166,32–37).

276,22 *Cavatine:* Kavatine: kurze Arie, auch Instrumentalstück.

277,10 f. *etwas von einem Friseurgehilfen:* Vgl. 328,35.
277,16 *Elegien:* Elegie: (griech.) Gedichtform; Klagelied.
277,32 *Stretta:* in der Oper: meist in schnellem Tempo und effektvoller Steigerung ausgeführter Schlussabschnitt einer Arie oder eines Finales.
278,13 *Duett-Rezitativ:* Rezitativ: (ital.) dramatischer Sprechgesang.
280,37 *Ihr Gatte, ein Spinnereibesitzer:* zur Spinn(en)metaphorik vgl. u. a. Anm. zu 39,26 f., zu 56,4–8 und zu 124,21 f.
281,5 f. *ganz atemlos zu ihr:* Der ganze Absatz (ab 280,30) sollte nach Willen der *Revue de Paris* wegfallen, Flaubert konnte ihn aber retten (vgl. *M. B.* Neefs, S. 346, Anm. 2).
283,3 f. *Behutsam legte Léon ihr den langen Spitzenschal um die Schultern:* Auch dieses Detail strich die *Revue*-Leitung zunächst. Auch auf ihm konnte Flaubert beharren (vgl. *M. B.* Neefs, S. 348, Anm. 1).
283,22 *Tamburini:* berühmter Bass-Sänger aus Italien (1800–55), der in den 1820er Jahren in der Mailänder Scala sang, aber auch in Venedig und Neapel. Er trat erstmals 1832 in Paris im Théâtre-Italien auf.
283,23 *Rubini:* auch ein italienischer Sänger (1794–1854), war in der ersten Hälfte des 19. Jh.s der berühmteste Tenor. Er sang in Italien, in London und in Paris und sogar in St. Petersburg.
Persiani: Fanni Persiani (1818–67), Sopranistin, die in allen großen italienischen Theatersälen zwischen 1832 und 1838 auftrat.
Grisi: Giulia Grisi (1811–69), italienische Mezzo-Sopranistin. 1832 trat sie in Paris im Théâtre-Italien auf.
283,27 *Rum-Sorbet:* Sorbet oder Sorbett: (arab.) eisgekühltes Getränk.
284,1 *änderte der junge Mann seine Taktik:* Endgültig hier, nach seinem Jurastudium in Paris, entpuppt sich Léon Dupuis, der im Innern gefühlskalte Pseudo-

romantiker (und Karrierist: er kommt nicht zu Emmas Beerdigung, ergattert aber einen Notars-Posten in *Yvetot)*, als Urbild Frédéric Moreaus – des feigen, verlogenen »jungen Mannes« aus der *Éducation sentimentale.* Moreau begibt sich ebenfalls aus der Provinz zum Jurastudium nach Paris, aber trotz aller Bemühungen schafft er weder eine Karriere noch eine ›romantische‹ Liaison mit der verheirateten Madame Arnoux.

284,32 *Passage Saint-Herbland:* damals in der Nähe des Rouener Theaters.

284,33 *von der Kathedrale gerade halb zwölf schlug:* Hier endete die vierte Roman-Fortsetzung in der *Revue de Paris* vom 15. November 1856 (vgl. *M. B.* Neefs, S. 351, Anm. 1).

Dritter Teil, Kapitel I

285,3f. *aber auch leidlich oft die »Chaumière« besucht:* »La Grande Chaumière«: Tanzlokal am Pariser Boulevard Montparnasse. Es wurde von Arbeitern, Studenten, Künstlern und Grisetten besucht. 1853, drei Jahre vor Erscheinen der *Madame Bovary*, wurde es geschlossen. Aus Konstantinopel machte sich Flaubert über die erfolgte Etablierung des Freundes Ernest Chevalier lustig: »Er tanzte Cancan in der Chaumière« (an die Mutter, 15. Dezember 1850; *Briefe*, S. 164).

285,15 *Luxembourg-Parks:* der Jardin du Luxembourg, eine Parkanlage in Paris mit dem Palais du Luxembourg.

286,10–13 *wenn eine Frau … Korsetts:* Diesen Satz strich die *Revue de Paris* zunächst auf der Kopie, nach Flauberts Einspruch blieb er aber (vgl. *M. B.* Neefs, S. 356, Anm. 2).

286,12 *Küraß:* (frz.) Brustharnisch.

288,2 *Barchent:* (arab.) Baumwollflanell.

290,37 ff. *Hut mit kleinen blauen Blumen:* In diesem ›Liebes-‹, besser: ›Verführungskapitel‹ dominiert die Farbe Blau. Sie wird begleitet von Gelb (Farbe der Tapete im schäbigen *Roten Kreuz*, 288,4; des Kutschenvorhangs, 303,14 f.), Grün (Léon trägt einen *grünen Frack*, 294,36), Grau (der Platz vor der Kathedrale, 295,13), Schwarz (Emmas *schwarzer Umhang*, 297,16), Weiß (Léons Hose, 294,36; *weißen Nachtviolen*, 297,33).

291,21 f. *des Stadtviertels Beauvoisine:* im Norden Rouens.

291,33 f. *»La Tour de Nesle«:* triviales Melodram von Alexandre Dumas d. Ä. (1802–70), veröffentlicht 1832. Als Emma sich kurz vor ihrem Ende nach dem Maskenball in Rouen im *Roten Kreuz* in diesem *Zimmer des zweiten Stocks, wo die Bilder der »Tour de Nesle« hingen* (361,9 f.), aufs Bett wirft, erhält ihr Bankrott seine ästhetische Farbe.

293,10–13 *Seine Wange ... zu drücken:* Auch dieser harmlose Satz störte die *Revue*, Flaubert verhinderte seine Entfernung (vgl. *M. B.* Neefs, S. 362, Anm. 1).

295,8–300,18 *Notre-Dame:* die Kathedrale Notre-Dame von Rouen. Ihr Bau zog sich über mehrere Jahrhunderte hin. Die ursprünglich zum Bau gehörige Turmspitze war 1822 durch Blitzschlag zerstört worden und wurde ab 1827 neu errichtet. Diese gusseiserne Spitze des Turms über der Vierung (*»die Spitze! die Spitze ...«*) war zum Zeitpunkt von Flauberts Arbeit an *Madame Bovary* noch nicht fertig. Im Innern der Kathedrale finden sich Fenster aus dem 13. Jh., im Chor Grabstätten früherer Herzöge der Normandie, wie u. a. das von Richard Löwenherz.

295,17 *Jasmin:* Vgl. auch den Jasmin in der Laube des Bovary-Gartens in Yonville, 209,15 und 430,24.

Tuberosen: Tuberose: (lat.) aus Mexiko stammende stark duftende Zierpflanze.

295,18 *Katzenminze:* Vgl. Anm. zu 258,19 f.

295,19 *Vogelmiere:* eine Pflanze.

295,31 *Schweizer:* u. a. Küster und Führer in katholischen Kirchen.

295,32 *der »Tanzenden Marianne«:* »La Marianne dansante«. So nannten die Rouener eine Darstellung der vor Herodes bloß im Schleier tanzenden Salomé im Giebel des Saint-Jean-Portals der Kathedrale. Aus ihr machte Flaubert dann später seine Erzählung *Hérodias* (1877).

295,33 *Rapier:* (frz.) Fechtwaffe, Degen.

297,33 *Nachtviolen:* Zierpflanzen.

298,16 *Amboise-Glocke:* Vgl. 299,17–22.

299,25 *Baluster:* (frz.) kleine Säule, die als Geländerstütze dient.

299,29 *Richard Löwenherz:* Richard I., genannt Löwenherz (1157–99), dritter Sohn von Heinrich II. (1154–89) und der Eleonore von Aquitanien. Er führte als Comte de Poiton Kriege gegen seine Brüder und schloss 1188 ein Bündnis mit dem französischen König Philippe II. Auguste gegen seinen Vater, den er besiegte. Er wurde 1189 König von England.

299,30 f. *Kalvinisten:* Kalvinist, Calvinist: Anhänger des Calvinismus, der protestantischen, auf Jean Calvin (1509–64) zurückgehenden Lehre. Sie unterscheidet sich von der Luthers vor allem durch die Bedeutung der Prädestination. Auch vertrat Calvin das Recht auf Widerstand gegen ungerechtfertigte weltliche Macht. Der Calvinismus verbreitete sich hauptsächlich in Westeuropa (Hugenotten). Nach calvinistischer Auffassung zeigt sich am irdischen Erfolg, wer zu den von Gott Erwählten gehört. Deshalb wurde die Lehre zu einer ideologischen Antriebskraft des Kapitalismus.

299,34 *Monseigneur:* Spitzname Flauberts für seinen äußerst fähigen, ›gefürchteten‹ literarischen Berater Louis Bouilhet war neben »Ungeheuer« auch »Monsignore«.

299,35 *Garguille:* drachenartiges Ungeheuer, das der Bischof von Rouen der Überlieferung nach im Kampf erledigt hat.

301,22 *»Wohin Sie wollen!« sagte Léon:* Die *Revue de Paris* ließ das Kapitel hier einfach enden und strich zu Flauberts größter Wut die gesamte Kutschenfahrt (s. II,4), »un passage«, wie eine von Maxime Du Camp gezeichnete »Begründung« in der Zeitschrift feststellte, »qui ne pouvait convenir à la rédaction de la *Revue de Paris*« (zit. nach: *M. B.* Neefs, S. 371, Anm. 1). – Laut Pariser *Figaro* wurden in Hamburg bald von Paaren für sexuelle Zwecke gemietete Kutschen »Bovarys« genannt (vgl. Lottman, S. 195).

301,24–303,20 *Und das schwerfällige Fuhrwerk ... des Stadtviertels Beauvoisine:* Die endlose, fast fünf Stunden dauernde Kutschfahrt führt kreuz und quer durch die Stadt Rouen und ihre Vororte. Es werden Straßennamen, Plätze, Stadtviertel, markante Gebäude usw. genannt bzw. hingeworfen, wie es sie in dieser Stadt tatsächlich gab bzw. gibt, inkl. des Hauptfriedhofs. Aber die Route verläuft nicht nach topographischen Gesichtspunkten, geschweige denn nach einem Plan der Insassen, sondern, nach Flauberts Plan, völlig chaotisch – in einem *Wagen mit zugezogenen Scheibengardinen* und gelben Vorhängen, *verschlossener als ein Grab und schlingernd wie ein Schiff* (303,8–11). In dieser Szene gibt es dieselbe Assoziation an den Tod, den schon die Umgebung der ersten Verführung Emmas durch Boulanger vermittelte (dort der tote Teich mit den verwelkten Seerosen). In beiden Szenen trägt Emma Schwarz, beide Male ist sie verschleiert, d. h. nicht klar-sehend, gewissermaßen blind. Das planlose, kreisförmige Rasen der Kutsche durch Rouen *ohne Ziel und Zweck* (302,23) dokumentiert etwas Ähnliches wie diese Blindheit, nämlich die Richtungslosigkeit und Bewusstlosigkeit von Emmas Leben, das ohne gewusste Linie verläuft, weil seine Antriebskräfte sich über Bewegungsabläufe und Ziele nie im Klaren sind.

301,28 f. *Denkmal Pierre Corneilles:* Pierre Corneille

(1606–84), in Rouen geborener, von Flaubert sehr geschätzter Dramatiker. Mit 10 Jahren verfasste er eine *Éloge de Corneille*; am Vorabend seines Todes deklamierte er Corneille-Verse.

301,33 *Bahnhof:* Zum Aufschwung des Handels und Transportwesens gehörte zu dieser Zeit natürlich auch in Frankreich die Entwicklung der Eisenbahn. 1843 wurde die Linie Paris–Rouen installiert, Rouen erhielt seinen ersten Bahnhof, la Gare Saint-Sever.

Kapitel II

304,5 *Quincampoix:* Vgl. u. a. 108, 184, 414. Der auffällig oft präsente Ort, Zwischenstation der Route Rouen–Ry / Tostes–Ry, liegt rund 10 km Luftlinie nordöstlich von Ry.

305,29 *die ätzenden Alkalien:* Alkali: (arab.) ein Begriff aus der Chemie, der eine stark basische Verbindung bezeichnet.

306,8 *Eibisch:* Vgl. Anm. zu 111,6.

306,18–21 *eine blaue, mit gelbem Wachs versiegelte Glasflasche … mit weißem Pulver … Arsenik!:* Auf das Arsen-Gefäß in Homais' *Giftbude* laufen für Emma die drei Farben Blau, Gelb und Weiß hinaus (vgl. 388,26–30). Es steht *in der Ecke, auf dem dritten Wandbrett* (388,27).

307,15 f. *Fabricando fit faber, age quod agis:* (lat.) »Übung macht den Meister, sei voll und ganz bei dem, was du tust.«

307,33 *lebst du hier bei mir wie ein Domherr:* Homais' Einstufung des von ihm wie ein Sklave gehaltenen Justin könnte von Dickens' Unternehmer Mr. Bounderby stammen (Ch. Dickens, *Hard Times*, 1854). Flaubert bekam den Roman vielleicht über seine ›heimliche Geliebte‹ Juliet Herbert, ab 1853 englische Gouvernante seiner Nichte Caroline in Croisset.

308,12 ›*Die ... Liebe ... im ... Eheleben*‹: *L'amour conjugal.* Gemeint ist wohl das 1688 erstmals publizierte, immer wieder neu aufgelegte »Aufklärungs«-Buch von Docteur Nicolas Venette, *Le Tableau de l'amour conjugal.*

309,18–24 »*Nicht etwa ... fertig ausgebildet ist*«: Diese für Homais typische, vom ›Wedeln‹ seiner *phrygischen Mütze* begleitete Rede strich die *Revue de Paris.* Flaubert konnte sie aber retten (vgl. *M. B.* Neefs, S. 379, Anm. 1).

310,2 *Doudeville:* Ort unweit von Tostes bzw. Tôtes.

310,4 *nach einem patriotischen Mahl:* Urspr. hatte Flaubert im Manuskript »bonapartistisches« Mahl geschrieben. Auf Verlangen der *Revue* ersetzte er »bonapartistisch« durch »patriotisch« (vgl. *M. B.* Neefs, S. 379, Anm. 3).

310,31–35 *Als das Tischtuch ... aus ihrem Herzen:* Diese Passage strich die *Revue de Paris*, was auf Flauberts Wunsch zurückgenommen wurde (vgl. *M. B.* Neefs, S. 380, Anm. 2).

311,35–312,2 *Alles war ... daran hängen:* Für diese Sätze galt das Gleiche (vgl. *M. B.* Neefs, S. 381, Anm. 1). Vielleicht befand man in beiden Fällen: »unnütz«.

314,13 *schwarzen Barègestoff:* Vgl. Anm. zu 61,33 und zu 89,1. Beim Ball auf Schloss Vaubyessard war Emmas *Barègekleid* noch *mattgelb.*

315,2 *Subhastation:* (lat.) veraltet für: Zwangsversteigerung.

Liquidation: (lat.) eigtl. Abwicklung der Rechtsverhältnisse eines aufgegebenen Geschäfts.

Kapitel III

316,4 »*Hôtel de Boulogne*«: Das Hotel für Emmas und Léons *drei Tage*, wiewohl das Klischee »Italien« bedienend, liegt im Roman in der zwielichtigen Rouener Hafengegend (vgl. 325). Für Emma und Léon ist es natürlich Programm: hier wird unter allen Umständen stark romantisch geliebt.

316,5–8 *bei geschlossenen Fensterläden ... und eisgekühlten Fruchtsäften, die ihnen ... gebracht wurden:* Diese Stellen, von der *Revue* gestrichen, ließ Flaubert wieder einfügen (vgl. *M. B.* Neefs, S. 385, Anm. 1).

316,12 *Hämmer der Kalfaterer:* kalfatern: (arab./niederl.) Begriff aus der Seemannssprache: Abdichten in den Fugen bei hölzernen Schiffswänden, um sie wasserdicht zu machen.

317,16f. *»Weißt du den Abend noch, / Als stumm wir ruderten«, usw.:* »Un soir, t'en souvient-il? nous voguions en silence«, aus Lamartines Gedicht *Le Lac*.

Kapitel IV

319,36f. *»Lieber sterben!« ... in seinem Arm:* Ein weiteres Klischee Emmas aus dem unendlichen Arsenal des phrasenhaften Verhaltens.

320,10–17 *Sie kaufte ... ein paar breitgestreifte gelbe Gardinen ... herauszunehmen:* Erotik und Geld verschmelzen in Emmas Leben ab dem Dritten Teil des Romans zur Einheit.

320,21 *um diese Zeit:* Anfang Winter 1844 (vgl. IV,3).

320,21–322,19 *schien sie plötzlich ... ihren Liebhaber zu besuchen:* Emmas eheliche Masche ist von Lheureux'scher Abgefeimtheit. Sie lernt umfassend von ihm (vgl. 315).

Kapitel V

322,23 *Es war Donnerstag:* Flaubert strich in seinem »Endmanuskript« Emmas nächtliche Erwartungsgefühle vor der Fahrt nach Rouen zu Léon: »Schon am Abend vorher, kaum eingeschlafen, wachte Emma wieder auf. Es war ein Uhr, manchmal auch erst Mitternacht. Sie versuchte weiterzuschlafen; es gelang ihr nicht, und schließlich begann sie, sich reglos und mit offenen Augen voll Ungeduld das Rendezvous vorzustellen. Sie sah sich schon dort in ihrem Zimmer, und sie spürte den Geschmack seiner Küsse und das Parfüm seines weichen Barts, der ihr zärtlich über die Haut streifte« (*M. B.* Vollmann, S. 506).

323,22–324,27 *Der Wind pfiff … Steilklippe brachen:* Wie Charles' erster Ritt nach Les Bertaux ist auch Emmas Fahrt in ihr geglaubtes Glück von einer Außenwelt umgeben, die viele Anzeichen der Trübheit aufweist. Dies gilt für die Natur und für die Einfahrt nach Rouen, von Emmas blinden *Augen* (wieder trägt sie einen *schwarzen Schleier*) zu *einer gewaltigen Weltstadt, einem Babylon* umphantasiert; sie gestaltet sich objektiv düster und trostlos, die Stadt, *ein wirres Durcheinander*, ist *von Nebelschwaden überflutet*, von *braunen* Fabrikrauchwolken beschmutzt, vom *Dröhnen der Eisengießereien* betäubt. (Vgl. eine ganz ähnliche Szene in der *Éducation sentimentale*: Frédéric Moreaus Einfahrt nach Paris, ebenfalls in sein vorgebliches Glück, Teil II,1.)

325,15f. *Lehrjungen mit phrygischen Mützen:* Vgl. Anm. zu 48,6.

325,25f. *das Theater-, Kneipen- und Hurenviertel:* Die *Revue de Paris* strich die letzten beiden Angaben; sie wurden aber nach Flauberts Willen wieder eingesetzt (vgl. *M. B.* Neefs, S. 395, Anm. 3).

326,7–15 *Das breite Mahagonibett … in den Händen verbarg:* Auch diesen gesamten Absatz strich die *Revue*, Flaubert konnte den Eingriff revidieren (vgl. *M. B.* Neefs, S. 396, Anm. 2). – Mahagonibett: Vgl. Anm. zu 40,28.

326,8 *Levantine:* eine Art geköperter Seidenstoff.

326,23 *zwei jener großen rosa Muscheln:* Ein Muschelkästchen gab es zumindest in Tostes auf der Kommode im Schlafzimmer nahe dem Mahagonibett (40, 28f.).

326,32 *Palisanderholz:* Vgl. Anm. zu 70,31.

327,27 *Bernsteinschimmer der »Badenden Odaliske«:* Die »Odaliske« (türk., früher eine weiße Haremssklavin) war ein gängiges Motiv der romantischen Malerei. Hier scheint Flaubert auf zwei Gemälde von Dominique Ingres anzuspielen: *La Baigneuse* (1806) und *L'Odalisque couchée* (1819).

327,29 *der »bleichen Frau aus Barcelona«:* Anspielung auf ein Gedicht Alfred de Mussets (1810–57) bzw. den Gemeinplatz der romantischen Literatur von der stets blassen Spanierin (vgl. auch das *Dictionnaire des idées reçues*).

328,20–36 *Sie ging zu einem Friseur … Maskenball an:* Der gesamte Text dieser drei Absätze wurde von der *Revue de Paris* als vermeidbar gestrichen, jedoch nach Flauberts Willen wieder eingefügt (vgl. *M. B.* Neefs, S. 399, Anm. 2). In ihm finden sich zwei zentrale poetische Chiffren Flauberts für Emmas falsche Existenz *einer Schauspielerin* (vgl. 61,31f. – dort auch die *Friseur*-Figur): »Rue de la Comédie« und »Maskenball« (vgl. Anm. zu 80,15–28).

329,20–26 *eine Flüssigkeit lief … der offenen Wunde:* Entfernt von der *Revue*, aber von Flaubert wieder in den Text eingesetzt (vgl. *M. B.* Neefs, S. 399, Anm. 4). Die Farben des zerstörten Bettler-Gesichtes (*schwarz, grünlich, bläulich*) stellen eine unübersehbare, furchtbar endende Symbiose zwischen dem blinden Bettler und Emma her (vgl. 402,15–403,2).

329,27–29 *ein Liedchen: »An heißen Tagen zur Sommerszeit / Sind alle Mädchen zur Liebe bereit«:* »Souvent la chaleur d'un beau jour / Fait rêver fillette à l'amour«: Den Text dieses Chansons entnahm Flaubert Restif de la Bretonnes Werk *L'Année des dames nationales ou Histoire jour par jour d'une femme de France* (1791–94).

329,35 *Sankt-Romanus-Jahrmarkt:* Vgl. Anm. zu 10,35. Zur Zeit des Sankt-Romanus-Jahrmarkts kommt Charles in das Gymnasium in Rouen. Über diese Assoziation bewirkt Flaubert beim Leser hier die Vergegenwärtigung der Person »Charles«.

330,27–29 *durch die schokoladenfarbenen Kattungardinen … Schattenflecken:* »Selbst ein so geringfügiges Detail wie die [...] fast leitmotivisch wiederkehrenden Kutschenvorhänge trägt in seiner Farbgebung dem jeweiligen Entwicklungsstadium des Romans Rechnung. Blaue Vorhänge zieren die Kutsche, von der Emma träumt und mit der sie in eine schönere Welt reisen möchte; in einer realen Kutsche mit gelben Vorhängen lässt sie sich von Léon verführen, und am Ende des Romans fährt sie enttäuscht und ohne Hoffnung nach Yonville zurück in der ›Hirondelle‹, deren schokoladenfarbene Vorhänge die unbeweglichen Reisenden in blutfarbene Schatten tauchen« (Lietz, S. 95, zum Anfang des Dritten Teiles).

330,29–31 *Emma, überwältigt von Traurigkeit … den Tod in der Seele:* Diesen alles entscheidenden Satz strich die *Revue*-Redaktion auf der Kopie; er wurde auf Flauberts Wunsch wieder eingesetzt (vgl. *M. B.* Neefs, S. 401, Anm. 3). Auf der Rückfahrt von Rouen (329,7–330,31) erfüllt sich für Emma die ihren Erwartungen kontrastierende Prophezeiung der *Einfahrt* nach Rouen; sie empfindet nun »die beißende Traurigkeit und die kalten Schweißausbrüche jener, die am nächsten Morgen inmitten zerbrochener Krüge und ihrem zerrissenen Herzen erwachen« (an L. Colet, 15. Februar 1847, S. 236). Vgl. auch ihren Zustand nach dem Rouener Maskenball (360 f.) – dem »Vaubyessard« des realen Lebens.

332,20 *Tilbury:* Boulangers Gefährt (vgl. 256,20).

334,35 f. *traf sie Lheureux … aus dem »Hôtel de Boulogne« herauskam:* Nichts in *Madame Bovary* ist so ›romantisch‹ (vgl. Anm. zu 316,4), als dass nicht das Geld resp. Lheureux in der Nähe wären, um es auszubeuten und zu zerstören (*drei Tage danach trat er in ihr Schlafzimmer, schloß die Tür und sagte: »Ich brauche Geld«*, 335,3–5).

335,17 f. *zweitausend Francs:* rund 5000 Euro.

335,22 f. *eine elende Bruchbude in Barneville bei Aumale:* Vgl. Anm. zu 7,32–34 (s. auch 335,25 f. [...] *der alte Bovary vor Jahren verkauft hatte).*

336,14 *viertausend Francs:* rund 10 000 Euro.

337,20 *diskontieren:* eine später fällige Forderung unter Abzug von Zinsen ankaufen.

339,4 *Jakonett:* feiner, glatt gewebter baumwollener Stoff.

342,34 *Keepsake:* gebundenes, mit Stichen reich bebildertes romantisches Album, unter der Julimonarchie und dem Zweiten Kaiserreich in Mode. Emma konsumierte dergleichen bevorzugt im Kloster.

Kapitel VI

343,27–344,3 *Früher hätte der Apotheker sich gehütet ... »ich gehe weg«:* Der gesamte Absatz über Homais war von der *Revue de Paris* gestrichen, doch gemäß Flauberts Willen wieder eingefügt worden (vgl. *M. B.* Neefs, S. 414, Anm. 1).

343,33 *Argot:* 1) eine Art französische Umgangssprache. Wer »argot« benutzt, drückt sich salopper aus, als es mit einem Ausdruck aus der Normalsprache, dem »français familier«, der Fall wäre. 2) die umgangssprachliche Ausdrucksweise einer bestimmten Personengruppe, also ein Jargon. Tatsächlich geht der Argot urspr. auf die Geheimsprache der Gauner zurück.

344,2 *Rue de Bréda:* Straße in Paris.

345,7–12 *Was ihn mehr als alles übrige verführe ... eine gewisse »Fülle«:* Auch diese Homais-Passage war von der *Revue* zunächst gestrichen, dann auf Flauberts Wunsch wieder eingesetzt worden (vgl. *M. B.* Neefs, S. 415, Anm. 2).

345,29–36 *Die haben … leidenschaftlich:* Für Homais' Ausführungen über »die Frauen« galt dasselbe (vgl. *M. B.* Neefs, S. 416, Anm. 3). – Gerade die Versuche Du Camps und Pichats, das satirische Porträt Homais' zu entschärfen, zeigten, dass sie dessen überragende humoristische Potenz kaum begriffen hatten.

347,8 *den Cujas und den Bartolus:* Jacques de Cujas, französischer Rechtsgelehrter (1522–90); Barthole oder Bartole de Sassoferrato (1313–56), italienischer Rechtsgelehrter. Diese beiden Experten verkörpern für den ahnungslosen Homais das Gebiet »Jura«.

348,21–30 *und Emma kam … an seine Brust:* Diese ›Erotik‹-Passage wurde auf der Abschrift von der *Revue* entfernt, Flaubert konnte sie wieder in den Text einsetzen lassen (vgl. *M. B.* Neefs, S. 419, Anm. 2).

350,16 *Epithalamien:* Epithalamion: (griech.) (antikes) Hochzeitslied.

350,30–32 *und um Geldangelegenheiten … so wenig wie eine Erzherzogin:* Diesen Vergleich strich die *Revue de Paris* auf der Kopie, auf Wunsch Flauberts kam er jedoch wieder in den Text (vgl. *M. B.* Neefs, S. 421, Anm. 2).

350,37 *langen grünen Gehrocks:* Vgl. Anm. zu 127,19–21.

351,20 *Wechselprotest:* offizielles Dokument, das bescheinigt, dass ein Wechsel bei Fälligkeit nicht bezahlt wurde.

352,37–353,2 *»Sehen Sie … Im April …«:* In Lheureux' Geschäftsbuch ist bereits kryptisch der Tag vermerkt, an dem Emma Selbstmord begehen wird: *»am 23. März sechsundvierzig …«*. Dies hat Neefs errechnet (vgl. *M. B.* Neefs, S. 458, Anm. 2.; sowie IV,3). Vielleicht ist auch schon Charles' Todestag im August 1847 erfasst: *»Am 3. August zweihundert Francs …«*.

353,8 *Akontos:* Akonto: (ital.) Anzahlung; die Akontozahlung bezeichnet im Bankwesen eine Abschlagzahlung.

354,13 f. *und zeigte ihr eine drei Ellen lange Gipüre-Spitze:* Vgl. Anm. zu 59,36. Das Gipüre-Tuch der Marquise auf La Vaubyessard, *das hinten als Dreieck herabhing,* verwandelt sich quasi nun in das tödliche Netz der Waren und Wechsel Lheureux'. Clever-zynisch wickelt Lheureux für die ruinierte Emma *die Gipüre-Spitze in blaues Papier* (354,19f.).

358,13 *Libertin:* (frz.) veraltet für: Wüstling.

361,14 *graues Formular:* Vgl. u. a. Anm. zu 170,7–25. Dass es *hinter der Stutzuhr* steckt, zeigt die Korrelation von »Zeit« und »Geld« in Emmas Lebensgeschichte.

361,24 *achttausend Francs:* Ende des 20. Jh.s etwa 160000 Francs (vgl. *M. B.* Neefs, S. 432, Anm. 1); rund 20000 Euro.

361,28 *Effekten:* Wertpapiere.

364,14f. *kann ich nur lachen! … die Tür wieder zu:* Mit dieser realistischen Reaktion des ›grauen‹ Kapitalisten Lheureux endete die vorletzte *Madame-Bovary*-Folge in der *Revue de Paris* (vgl. *M. B.* Neefs, S. 434, Anm. 1).

Kapitel VII

364,16 Da Flaubert maßlos verärgert über die zahllosen von der *Revue*-Redaktion geforderten und z. T. auch durchgesetzten Veränderungen und Streichungen in seiner Manuskript-Kopie war (vor allem die der »Kutschenfahrt«), stellte er der letzten Fortsetzung vom 15. Dezember 1856 eine Protestnote voran (vgl. II,4).

367,9 *dreitausend Francs:* rund 7500 Euro.

368,32f. *in der Deichselgabel eines Tilbury piaffierte:* Dieser Gentleman dürfte Boulanger sein. Emma verwechselt ihn in ihrer Konfusität mit dem Vicomte. – piaffieren: (frz.) von Piaffe, künstlicher Trab auf einer Stelle.

368,37–369,2 *die Straße war leer … um nicht umzusinken:* kein anderes Bild als gerade dieses der leeren Straße, in der Emma unrettbar gestrandet ist, kann ihre Traurigkeit derart plastisch symbolisieren. *Alles verließ sie, innen und außen. Sie fühlte sich verloren* (369,4f.).

369,20 *Hypokras:* mit Gewürzen vermischter Wein.

369,22 *Sarazenenköpfe:* Sarazene: (arab.) veraltet für: Araber, Muslim.

369,26 f. *dem großen Bäcker in der Rue Massacre:* Straße in Rouen nahe beim Justizpalast. Dass Homais gerade von dort kommt, ist für Emma ein doppelt böses Omen.

370,8 *Affektion:* (med.) Befall eines Organs mit Krankheitserregern. Homais drückt hier auf Latein aus, dass der Blinde ein skrofulöses Leiden hat (vgl. 99,5).

370,12 *Sklerose:* krankhafte Verhärtung von Geweben und Organen (vgl. Anm. zu 158,33).

370,21 *Liards:* ein Liard: von 1439 bis 1791 französische Silbermünze, später Kupfermünze von äußerst geringem Wert. Homais' mörderischer Geiz wird an dem *gib mir zwei Liards heraus* sichtbar.

370,26 f. *mittels einer antiphlogistischen Salbe:* Homais meint lediglich eine entzündungshemmende Salbe.

371,31 *ein gelbes Papierblatt:* In einer letzten Vorstufe vor dem gelben Wachs, das den Arsenikbehälter versiegelt, verdeutlicht die Mitteilung der Zwangsversteigerung an Emmas Tür in ihrem Gelb den Verfall der Farbe und ihres Inhalts.

372,9 *Jettbesatz:* kleine schwarze Steine zur Verzierung von Kleidungsstücken. Sie unterstreichen die Eleganz. Einen Kapotthut trug Emma bereits am Arme Boulangers am Tag der *Tagung der Landwirte* (166,36, 167,24). Ihr *schwarzes Seidenkleid* zeigt dazu die Nähe des Todes, den der Notar förmlich einleitet, in dessen Esszimmer denn auch Gemälde *in schwarzen Holzrahmen* hängen (372,22). Seine *himmelblaue Halsbinde* antizipiert das Blau des Arsenik-Gefäßes auf höhnische Weise – wie das gelbe Papier an der Haustür in krassem Ernst das gelbe Wachs.

372,22 f. *»Esmeralda« von Steuben:* Karl Wilhelm von Steuben (1788–1856), französischer Historien- und Porträtmaler deutscher Herkunft. Er stellte regelmäßig im Pariser Salon aus. – Esmeralda: Vgl. dazu Anm. zu 56,20:

eine verzweifelte Erinnerung für Emma an Hugos Zigeunerin.

372,23 f. *»Potiphar« von Schopin:* Henri-Frédéric Schopin (1804–80), französischer, in Lübeck geborener Maler. *Potiphar:* nach der Bibel Befehlshaber der Leibwache des Pharaos, dessen Frau versuchte, Joseph zu verführen.

372,31 *Palmetten:* Palmette: (frz.) Verzierung, palmenartig.

372,33 *maronenbraunes Samtkäppchen:* Marone: (frz.) entweder eine geröstete Kastanie oder ein Pilz.

373,13 *giriert:* girieren: (ital.) einen Wechsel übertragen.

374,17–375,16 *Wie kommt es … aber nicht käuflich!:* Diese gesamte Text-Passage war im *Revue de Paris*-Abdruck entfernt worden (vgl. *M. B.* Neefs, S. 445, Anm. 1).

376,7–11 *Und eine Viertelstunde … Die tun es nicht!:* Die Menschen Yonvilles helfen niemandem. Sie sind mitschuldig an Emmas Tod (vgl. auch Anm. zu 419,15–22 und zu 420,30 f.).

377,8 *Madame Caron:* Beim Namen dieser Bewohnerin Yonvilles handelt es sich um einen deutlichen Bezug zur griechischen Mythologie. Dort ist Charon der Fährmann im Reich des Hades, der die Seelen der Verstorbenen in seinem Kahn über den Acheron, den Totenfluss, ins Reich der Schatten fuhr. Dafür erhielt er den Charonsgroschen. Auch die hetzenden Damen Tuvache und Caron haben als Vertreter der Dorfgesellschaft ihren Anteil am Tod Emmas – um dies zu zeigen, taucht Madame Caron hier erneut auf. Sie tat dies schon einmal in der Nähe von Emmas Tod: nach deren erstem Selbstmordversuch, als sie sie, aus Neugierde und Klatschbedürfnis, ›besuchte‹ (vgl. 267).

377,18 *Obelisk:* (griech.) vierkantige, nach oben spitz zulaufende Säule.

378,23 f. *bei Bautzen und Lützen dabei gewesen:* Am 20./21. Mai 1813 fand die Schlacht von Bautzen statt, in der Napoléon mit seiner Armee über die alliierten Truppen siegte. Bei Lützen siegte die Armee Napoléons am 2. Mai 1813 ebenfalls über die alliierten Truppen.

378,24 *hatte den Feldzug in Frankreich mitgemacht:* Nach der Völkerschlacht bei Leipzig musste Napoléon über den Rhein zurückweichen. Die Alliierten der 6. Koalition, unter ihnen die russischen Truppen, drangen in Frankreich ein; Paris kapitulierte am 30. März 1814. Nach der Besetzung von Paris wurde Napoléon gezwungen, am 11. April 1814 in seiner Residenz Fontainebleau abzudanken. Er behielt nur die Herrschaft über die kleine Mittelmeerinsel Elba mit einer Garde von 800 Mann. Noch während die Sieger in Wien über die Neuordnung Europas verhandelten, landete Napoléon plötzlich am 1. März 1815 in Südfrankreich. Rasch fand er Anhänger und zog im Triumph nach Paris. Seine Hoffnung auf einen Konflikt zwischen den Siegermächten erfüllte sich jedoch nicht. Am 18. Juni 1815 wurde das letzte Heer Napoléons bei Waterloo in der Nähe von Brüssel von einem englischen Heer unter Wellington und den Preußen unter den Generälen Blücher und Gneisenau vernichtet. Napoléon floh zu den Engländern, die ihn jedoch auf die Atlantikinsel St. Helena verbannten. Dort starb er 1821.

378,34 *Grande-Rue:* im realen Ry: die Rue Grande (vgl. II,2).

379,7–22 *holte ihr Spinnrad … Flachs zu spinnen … eine langbeinige Spinne, die gerade über ihrem Kopf … kroch:* In Tostes nur Bild für die Langeweile in Emmas Herzen, hat sich die nun giftig gewordene Spinne in die Metapher für Lheureux verwandelt (vgl. Anm. zu 354,13 f.). Vgl. auch die gesamte Motivkette über den Besuch der *Flachsspinnerei* bei Yonville, die Anwesenheit des *Spinnereibesitzers* im Theater von Rouen bis hin zu Berthes Ende in der *Baumwollspinnerei* (56, 124, 280, 431).

Kapitel VIII

383,29–34 *Er nahm sie auf den Schoß … auf die Augenlider:* Dieser Absatz wurde von der *Revue de Paris* eigenmächtig gestrichen (vgl. *M. B.* Neefs, S. 453, Anm. 1).

385,5 *einer damaszierten Flinte:* mit kostbaren Verzierungen versehenes Gewehr.

385,10 *Boulle-Uhr:* nach André-Charles Boulle (1642–1732), Architekt, Maler, Bildhauer und Kunsttischler. Berühmt wurden seine prunkvollen Kunsttischlerarbeiten mit den von ihm kreierten Schildpatt-, Perlmutt- und Bronzeeinlagen in Holz.

385,16 *Parforce-Jagden:* par force: (frz.) mit Gewalt, unbedingt; Parforcejagd: Hetzjagd.

387,2–4 *sie erinnerte sich nicht an die Ursache ihres grausigen Zustandes, nämlich die Geldfrage. Sie litt einzig und allein an ihrer Liebe:* Vgl. Anm. zu 96,36. Sehr eindeutig wird hier ausgesprochen, dass das Geld oder *Lheureux* Emmas Tod sind. An der Liebe allein wäre sie nicht gestorben (vgl. Anm. zu 379,7–22).

387,9 *Das Dunkel brach herein; Krähen flogen:* Die schwarzen ›Todesvögel‹, die Emma den Weg zum Selbstmord weisen, haben einen psychologischen Rückverweis auf *das heisere, ruhige Krächzen der Raben*, die unmittelbar vor der Liebesszene Boulanger–Emma im Zweiten Teil, Kap. IX (197,23–25) *zwischen den Eichen davonflogen.* Umgekehrt funktionierten diese im Text bereits als Vorausdeutung auf die letzte Szene Emma–Boulanger. Erst von hier aus deutet sich auch, warum Charles als Kind *mit Erdklumpenwürfen die Krähen* verjagte (9,25 f.).

388,26–31 *Der Schlüssel … zu essen:* Vgl. Anm. zu 306,18–21.

389,1 f. *fast mit der Heiterkeit einer erfüllten Pflicht:* Fast scheint es an dieser Stelle, als glaube Emma, auch mit der Gifteinnahme einer romantischen ›man‹-Konvention Genüge getan zu haben.

393,25 *Mittfasten:* Mittwoch vor Lätare oder Lätare selbst; Lätare (lat., ›freue dich!‹) ist der dritte Sonntag vor Ostern. Mittfasten fiel 1846 auf den 19. März (vgl. *M. B.* Neefs, S. 458, Anm. 3). An Mittfasten war der Maskenball in Rouen (359).

395,10 *Paroxysmus:* Vgl. 257,28. Auch hier wartet Homais wieder mit seiner medizinischen Lieblings-Phrase, dem Paroxysmus, auf.

Theriak: (griech.) Opium-Präparat des Mittelalters.

395,21 *Bichats Leitung:* Bichat (1771–1802), französischer Chirurg. Verfasste grundlegende Werke zur Gewebelehre und pathologischen Anatomie.

395,30 *aus Merinowolle:* Vgl. Emmas Kleid beim ersten Kontakt mit Charles (18,9).

397,26 *Pharynx:* (griech.) Rachen.

397,27 *Epigastrum:* (lat.) Oberbauch.

397,28 *Superpurgation:* (lat.) Purgation, Abführen.

398,21 *Kanthariden:* Kantharide: »Spanische Fliege«. Metallisch grüne Art der Blasenkäfer. Lebt auch auf Eschen. Diese Insekten besitzen den Giftstoff Cantharidin, früher auch als Heilmittel und Aphrodisiakum verwendet (vgl. 430,24 f.).

Upas: ostasiatischer Baum mit gifthaltiger Rinde.

Manzanilla: Vgl. Boulangers Verwendung des giftigen Manzanillabaumes in seinem blumigen Abschiedsbrief (251,9 f.).

398,28 *Cadet de Gassicourt:* Homais brüstet sich hier mit seiner Kenntnis der Dynastie der Cadet de Gassicourt. Zu ihr gehörte u. a. Charles-Louis (1769–1821), Napoléons Apotheker im Jahre 1809.

398,35 *Saccarum:* Homais meint »Zucker«.

400,26 *»Misereatur«:* Der mit den Worten »Miserere mei, Deus« beginnende 50. Psalm, der vornehmlich bei katholischen Beerdigungen gesungen wird.

»Indulgentiam«: Unter »Indulgenz« versteht man den Ablass der zeitlichen Sündenstrafen.

400,36 *und jetzt nie wieder gehen würden:* Die vorangehende Szene war für Staatsanwalt Pinard in seiner Anklagerede von größtem Anstoß (vgl. *M. B.* Neefs, S. 470, Anm. 2).

402,21 f. *Leiche, die man galvanisiert:* galvanisieren: durch Elektrolyse mit Metall überziehen.

Kapitel IX

403,15 *Und er weinte:* »Ich hoffe, mit diesen Tränen eines Einzelnen, die anschließend durch die Chemie des Stils geschleust werden, bei anderen Tränen fließen zu lassen. Aber meine werden von höherem Gefühls-Rang sein. Nicht der mindeste *Eigennutz* wird sie hervorrufen, und mein guter Mann [...] soll einen stellvertretend für alle Witwer erschüttern« (an L. Colet, 6. Juni 1853, S. 698). – 403–431: Am Ende von *Madame Bovary* meint der Leser wie zu Romanbeginn, er habe von Charles' Leben gelesen (vgl. Anm. zu 3,3–32,8).

404,14 *und begoß die Geranien:* Das Gießen der Blumen als »Haltungs«-Übung muss Charles an das tote Glück seines Lebens erinnern – die erste Tostes-Zeit, wenn Emma ihm morgens am Fenster *zwischen zwei Geranientöpfen* nachblickte (42,1–4).

405,3 f. *drei Särge:* Vgl. u. a. Anm. zu 11,11.

405,4 *einen aus Mahagoni:* Vgl. Anm. zu 40,28.

405,5–7 *Es soll über alles ein großes Stück grünen Samtes gebreitet werden:* In diesem Wunsch findet die Symbolik der Farbe Grün in *Madame Bovary* ihren letzten Grund.

406,35 *Jesuiten:* Mitglieder des von Loyola gegründeten »Ordens der Gesellschaft Jesu«. Er diente der katholischen Kirche im Kampf gegen die Reformation und stellte im politischen Kampf eine Art Führungselite dar. Bekanntester Literatur-Jesuit ist Leo Naphta im *Zauberberg.*

407,7–10 *etwas wie weißer Staub … als hätten Spinnen ihr Netz darüber gesponnen:* Vgl. bes. Anm. zu 379,7–22.

407,10–12 *Das Bettuch bildete von den Brüsten bis zu den Knien eine Höhlung und hob sich dann an den Fußspitzen:* Ausgerechnet diesen Satz über eine Tote zitierte Staatsanwalt Pinard in seiner Anklagerede als moralisch verwerflich (vgl. *M. B.* Neefs, S. 477, Anm. 1).

407,25 f. *Holbach:* Paul-Henri-Dietrich Baron d'Holbach (1723–89), französischer Philosoph (Aufklärung). Verfasser des *Système de la nature* (1770) und Mitarbeiter an der *Enzyklopädie.*

407,26 *die Enzyklopädie: Encyclopédie ou Dictionnaire raisonné des sciences, des arts et des métiers*, erschienen 1751–72, konzipiert und geleitet von Denis Diderot.

407,27 *›Briefe einiger portugiesischer Juden‹: Lettres de quelques juifs portugais, allemands et polonais à M. de Voltaire* (1769) von Abbé Guénée (1717–1803). Es handelte sich um eine gegen Voltaire gerichtete Polemik.

407,28 f. *›Vernunft des Christentums‹ von Nicolas:* Die *Études philosophiques sur le christianisme* von Jean-Jacques-Auguste Nicolas (1807–88) hatten im 19. Jh. großen Einfluss und erlebten immer neue Auflagen. Nicolas war Anwalt und als Laientheologe rigider Katholizist.

408,7–10 *Einmal … gegen die Wand flackern:* Alles über Charles' wahre Liebe zu Emma steckt in dieser Szene. Dagegen stehen die absolute Gleichgültigkeit von Homais und Abbé Bournisien sowie die ›maßlose Langeweile‹, die die Einwohner Yonvilles angesichts der Toten aus ihrer Mitte empfinden (vgl. 408,28). Sie kennzeichnet die Kälte des Gefühls.

409,8–23 *Dann beugten sie sich … der Wissenschaft etwas nützt:* Die ganze Passage wurde auf der Kopie von der *Revue*-Redaktion gestrichen, doch auf Flauberts Betreiben wieder eingefügt (vgl. *M. B.* Neefs, S. 479, Anm. 2).

409,17 *Hôtel-Dieu:* Krankenhaus (das in Rouen), in dem Homais offenbar ein Praktikum absolvierte.

409,32–410,14 *Denn es ist doch unnatürlich ... das hält munter:* Der Text-Abschnitt wurde von der *Revue* gestrichen, aber auf Verlangen Flauberts wieder eingesetzt (vgl. *M. B.* Neefs, S. 480, Anm. 1).

410,37–411,1 *bläulichen Dampfwirbel ... Nebelschwaden:* Ein letztes Mal vermischen sich Blau und Nebel mit Emma.

411,3–30 *Das Wachs der Kerzen ... hinunter:* Charles verfügt über eine Intensität, einen Rang des Gefühls, die sonst keine Romanfigur besitzt, auch nicht Justin oder Vater Rouault.

412,5–28 *Der Apotheker und der Pfarrer ... Handwerkern:* Die Streichung dieser Passage wurde von den leitenden *Revue*-Redakteuren nicht zurückgenommen. Sie fehlte auch in der ersten Buchausgabe bei Lévy 1857, wurde aber in spätere aufgenommen (vgl. *M. B.* Neefs, S. 482, Anm. 1).

Kapitel X

413,25 *Maromme:* damals Dorf bei Rouen.

414,4f. *in Quincampoix ... drei Tassen Kaffee:* Das letzte Mal spielt der Ort im Roman eine Rolle. Der Weg Tostes (Tôtes) – Yonville (Ry) führte über Maromme und Quincampoix. Auch Emma und Charles nahmen ihn bei ihrer Übersiedlung (Anm. zu 304,5).

415,4 *die drei Vorsänger:* In diesem Kapitel, das Emmas Begräbnis schildert, nimmt die Zahl Drei wie überhaupt in den letzten Romankapiteln überhand.

415,5 *Serpent:* Blasinstrument, das in der Kirchenmusik bis ins 19. Jh. hinein verwendet wurde.

415,6 *Ornat:* kirchliche Amtstracht.

415,8f. *ging mit seinem Küsterstab aus Walfischbein:* Dieses Detail ist ein Beispiel für Flauberts extreme psychologische Textstruktur. »Alles hängt vom Plan ab« (an L. Colet, 31. Januar 1852, S. 367). Über das Material von

Lestiboudois' Küsterstab am Romanende soll sich der Leser wie unbewusst über 400 Seiten zurückerinnern – an die Mütze von Charles. *Sie war eiförmig und durch Fischbeinstäbchen ausgebaucht* (4,23 f.). (Beide Male verwendet Flaubert im Original das Wort *baleine*.) Wenn Charles, nachdem er den Stab gesehen hat, den Wunsch hat, die Kerzen an Emmas Sarg auszublasen, erinnert auch er sich vielleicht plötzlich an diese wegweisende traurige Mütze aus der Anfangszeit seines Lebens.

415,19 *überkam ihn eine wilde, dumpfe, verzweifelte Wut:* Vielleicht sieht Charles in der Kirche ebenso die *Kopie der Heiligen Familie, Stiftung des Ministers des Innern* (vgl. Anm. zu 88,11 f.) und erkennt den Hohn, den sie für ihn ausstrahlt. (Womöglich will er auch deshalb aufstehen und die *vier Reihen Kerzen*, zwischen denen Emmas Sarg steht, auslöschen, vgl. 415,10–12).

415,35 *zornig ein Fünffrancsstück:* Ein Fünffrancsstück wirft auch Emma dem Blinden bei ihrer letzten Rückfahrt aus Rouen zu (vgl. 371,1 f.). Das Geld vernichtet beider Leben.

416,19 f. *das »De profundis«:* der 130. Psalm, der mit den Worten »De profundis clamavi ad te, Domine« (»Aus der Tiefe rufe ich, Herr, zu dir«) beginnt.

416,30–417,2 *Es wehte … mit rosigen Wolken betupft:* Als Emma zu Grabe getragen wird, ist die Natur *fröhlich* (416,33), belebt und wirft so, wie später auf Charles, ein positives Licht auf die Tote.

417,2 f. *bläuliche kleine Lichter spielten auf den von Iris umwucherten Strohhütten:* Vgl. 19,31 (im Wohnzimmer von Emmas Elternhaus roch es nach Schwertlilien) und 430,21–28.

417,7 f. *das schwarze, mit weißen Tränen bestickte Bahrtuch:* Vgl. Schwarz/Weiß, u. a. Anm. zu 3,22–28.

419,15–22 *Aber als er … dunkle Sträuße standen:* Wenn Emmas Vater in einer der dunkelsten Romanszenen nach Emmas Begräbnis *auf der Anhöhe die Fenster im*

Dorf ›auflodern‹ sieht und hinter ihnen den Friedhof mit den *weißen Steinen* gewahrt, ist dies die poetische Metapher für Yonville, dessen Bewohner nicht nur Emma, sondern dann auch Charles ohne Hilfe dem Tod überlassen. Das Bild der lodernden Dorffenster steht für die Hölle, die dieses Dorf für Emma und Charles objektiv wird. Charles' Kinderspiel »Himmel und Hölle« (vgl. Anm. zu 9,30) wird in Yonville Realität. – Vgl. auch 419,32f.: *Es schlug Mitternacht. Wie stets lag das Dorf schweigend da* und 408,25–29 bzw. Anm. zu 408,7–10.

420,1–6 *Einer ... als die Nacht:* Homais' Gehilfe Justin, der schon Emmas *Leichenzug* nicht hatte sehen können (416,9f.), ist der einzige fühlende Mensch in dem ›schweigenden Dorf‹.

Kapitel XI

420,30f. *Und jetzt machte jedermann sich daran, zu »profitieren«:* Dies ist das ›Gefühl‹, das die Bürger Yonvilles allein beherrscht. Lheureux repräsentiert es nur.

421,26 *Mademoiselle Léocadie Lebœuf:* Vgl. Anm. zu 110,1. Die Gattin des poetischen Léon heißt mit Nachnamen »Rind« (s. Anm. zum Titel).

422,13f. *war Charles keiner ... den Dingen auf den Grund gehen:* Diese Spielart der Dummheit resp. Blindheit wird Charles zum Verhängnis – wie seine *Mütze* vorausdeutete.

423,1–17 *Es tat ihm weh, dem armen Kerl ... traurig wurde:* Nicht zuletzt die uneigennützige Liebe zu Berthe stellt Charles vom Gefühls-Rang her weit über Emma.

423,18–24 *Niemand besuchte die beiden jetzt mehr ... Umgangs legte:* Homais, auch Repräsentant der Yonviller, ist neben Lheureux der andere Sieger des Romans. Seine Politik rentiert sich für ihn bald in Charles' Tod. Er wird der alleinige ›Arzt‹ Yonvilles (431,11–14).

423,25–424,27 *Der Blinde … in einem Krankenhaus verurteilt:* Diese lange Passage wurde auf der Kopie von der *Revue de Paris* gestrichen, doch auf Flauberts Wunsch wieder in den Text eingefügt (vgl. *M. B.* Neefs, S. 494, Anm. 3). Du Camp und Pichat ahnten, dass Homais als verspotteter (vgl. auch 425,20–27) französischer Staatsbürger keine harmlose literarische Witzfigur war. *Er wurde gefährlich* (425,2).

424,16 *Ädilen:* Ädil: altrömischer Beamter.

424,34 f. *Ignorantinern:* Bezeichnung, die sich die Mönche des von Johannes von Gott 1495 gegründeten Ordens Saint-Jean-de-Dieu aus Demut selbst gaben; zuweilen auch spöttisch auf Ordensbrüder an christlichen Schulen angewandt.

425,11–34 *Er kam dahin … der Trauer ansah:* Auch diese Homais-Stelle sollte nach Willen der *Revue* weg, Flaubert setzte sie aber durch (vgl. *M. B.* Neefs, S. 496, Anm. 1).

425,19 f. *»Cho-ca« und »Revalentia«:* Cho-Ca: Schokolade, gemischt aus Kakao- und Kaffeebohnen. Revalentia: Schokolade mit Eisenzusatz.

425,21 f. *Pulvermachers hydroelektrische Ketten; er trug selber eine:* Die »Liebe im Eheleben« der Eheleute Homais funktioniert vermittels dieser *goldenen Spirale, unter der er verschwand, und sie fühlte, wie sich ihre Leidenschaft für diesen Mann verdoppelte, der stärker umgürtet war als ein Skythe und schimmerte wie ein Magier* (425,23–27).

425,30 *Vesta-Tempel:* Vesta: römische Göttin des häuslichen Herdes.

426,5 *Mausoleum:* Monumental-Grabstätte.

426,9–12 *»Sta viator … amabilem conjugem calcas!«:* (lat.) »Halt ein, Wanderer, du trittst auf eine liebenswerte Gattin.«

426,27 *Agonie:* Todeskampf.

427,23–36 *1. hatte er sich bei der Cholera … wenn es*

brennt!: Die Leistungen Homais', inkl. seiner zweiten Pickwick-Abhandlung über die Blattlaus, strich die *Revue*-Leitung auf der Kopie ohne Humor. Zum Glück konnte Flaubert das revidieren (vgl. *M. B.* Neefs, S. 498, Anm. 2).

427,34f. *Pirouette:* aus Drehung bestehende Tanzfigur.

428,6f. *mit Heinrich IV. verglich:* Heinrich IV. (1553–1610), König von Navarra (1562–1610) und Frankreich (1589–1610). Im Religionskonflikt zwischen Protestanten und Katholiken, der den herrschenden Feudaladel auch politisch teilte, stand Heinrich von Bourbon zuerst auf Seiten der Hugenotten. Nach der Ermordung von Henri de Guise (1588) und Heinrich III. (1589), des letzten Königs aus dem Hause der Valois, ging die Krone an Heinrich von Bourbon über, der als Heinrich IV. die Dynastie der Bourbonen begründete. Als er 1593 zum Katholizismus übertrat, errang er allgemeine Anerkennung in Frankreich und stellte mit dem Edikt von Nantes (1598) auch die bisher von ihm geführten Hugenotten zufrieden. Die Bourbonen hatten die Königswürde ab 1589 mit Unterbrechung (1792–1814, 1815) bis zur Julirevolution 1830 inne. – Literarische Berühmtheit durch Heinrich Manns *Henri Quatre*-Romane.

428,19f. *Palisander-Schreibtischs:* Vgl. 70,31 und 326,32.

428,36–429,2 *Manchmal jedoch ... weinend umherging:* Charles' Zerfall ist für niemanden in Yonville von innerem Interesse; höchstens eine Sehenswürdigkeit. *Seine Niedergeschlagenheit erregte Verwunderung* (428,31). Charles Bovarys ›Verwilderung‹ bedeutet seine radikale Ent-Bürgerlichung.

429,13 *»Favoritinnen des Handels«:* Im Januar 1826 wurde der (Pferde-)Omnibus als öffentliches Verkehrsmittel in Paris eingeführt. Eine Fahrt kostete fünf Sous. Die erste Linie führte über die Boulevards der Innenstadt. (Vgl. Anm. zu 262,13f.) – Lheureux' ökonomischer Sieg basiert wesentlich auf der systematischen Zerstörung der Familie Bovary.

429,17 *nach Argueil:* Vgl. Anm. zu 184,19 und zu 377,8. *Monsieur Caron aus Argueil* ist im gleichen mythologischen Sinn mit Charles verknüpft wie *Madame Caron* mit Emma. – *Argueil* hat auch mit Lheureux zu tun, vgl. Anm. zu 262,13 f. bzw. 429,12 f.

430,16 *»Das Schicksal ist schuld!«:* Charles' letzter verzweifelter Satz wird gewöhnlich als Höhepunkt seiner Stupidität zitiert. Dabei ist er richtig (Emma wurde Charles' Schicksal) und entspricht der Lebensphilosophie Flauberts. »Aber man ist nicht Herr seines Schicksals. Die Macht der Dinge treibt einen, ohne daß man es ahnt« (an G. Sand, 2. Dezember 1874, S. 479 f.).

430,21–28 *Am folgenden Tag … kummervolles Herz schwellten:* Das Plädoyer Flauberts für Charles Bovary ist dessen Sterben in der ›Liebes-Laube‹ seiner Frau. *Lichtschimmer* dringen durch das *Gitterwerk* seines Lebens, *der Jasmin* duftet, *der Himmel* ist *blau, die Lilien* blühen. Die *Kanthariden* aber, mit denen sich Homais vor Dr. Larivière blähte, jene grünen (!) Insekten, deren Gift zugleich aphrodisiakisch wirkt (vgl. Anm. zu 398,21), *umsummen* die Lilien, nach denen es auf Les Bertaux roch (19,31); die *Schatten* des Weinlaubs zeigen das Ende von Charles' ›vager‹ Sehnsucht nach Liebe. Im Sterben umklammert er noch *eine schwarze Haarsträhne* Emmas.

431,4–6 *Als alles … bezahlt wurde:* Ein letztes, auch schwarzes, Licht fällt auf die Bürger Yonvilles. Nur der Verkauf von *allem*, aber keiner von ihnen allen bezahlt die Reise der kleinen Waise Berthe in ihr unfreies Schicksal.

II. Entstehung, Quellen, Veröffentlichung

1. Die Geburtsstunde von *Madame Bovary*

»Gestern habe ich mit meinem Roman begonnen. Jetzt ahne ich stilistische Schwierigkeiten, die mich wahnsinnig machen. Einfach zu sein, ist keine Kleinigkeit« (an L. Colet, 20. September 1851, S. 328). So schreibt Flaubert an seine Geliebte in dieser Zeit, Louise Colet. Der »Wahnsinn«, der ihn angesichts seines Romanvorhabens überfällt, ist nicht gespielt. Denn das Buch, das er in Angriff genommen hat, bedeutet für den fast 30-Jährigen einen Umsturz innerhalb des eigenen literarischen Schaffens, von dem er noch nicht weiß, wie er ausgehen wird. Flauberts poetische Produktion bis 1851 umfasst neben einigen Erzählungen drei Romane: die *Mémoires d'un fou* (1836), *Novembre* (1842) und die erste Fassung der *Éducation sentimentale* (1845). Diese Jugendwerke lassen sich – auch wenn die erste *Éducation* (die mit der zweiten kaum etwas gemeinsam hat) eine Art Übergangswerk ist – Flauberts romantischer Phase zuordnen und klar von der ›realistischen‹, die mit *Madame Bovary* einsetzt, abgrenzen. Die Erzählungen und zumindest die beiden ersten Romane sind Paradigmen einer Ästhetik, die Flaubert sein restliches Leben lang kompromisslos ablehnen wird. Konfessionspoesie, romantisches Sich-Gehenlassen des literarischen Subjekts, das mit seinen Figuren leidet, spricht, fühlt und ihr Handeln parteilich kommentiert – das ist mehr oder weniger die Quintessenz dessen, was Flauberts frühe literarische Versuche ausmacht.

Diesen selbst ist natürlich eine eigendynamische Entwicklung immanent, die sich als sukzessive Abkehr von der romantischen Literatur kennzeichnen lässt und deren Resultat der anti-romantische Roman *Madame Bovary* ist. (Die einzelnen Etappen der ästhetischen Evolution bis zu diesem Werk hat Uwe Dethloff, 1976, nachgezeichnet.)

Louise Colet
Lithographie (impr. Lemercier)

Angesichts der Arbeit an *Madame Bovary*, sagt Flaubert also gegenüber Louise Colet, würden ihn in erster Linie »stilistische Schwierigkeiten« »wahnsinnig« machen, die er dann folgendermaßen komprimiert: »Einfach zu sein, ist keine Kleinigkeit.« Diese Aussage ist vor allem eine Anspielung auf die erste Fassung der *Tentation de Saint Antoine*, abgeschlossen 1849, kurz vor der Orient-Reise mit Du Camp, und von Flaubert später zweimal wieder aufgenommen: unmittelbar nach Beendigung von *Madame Bovary*, 1856, schreibt er eine zweite und nach der zweiten *Éducation sentimentale* von 1869 eine dritte, 1874 veröffentlichte Fassung. Die erste Version der *Tentation de Saint Antoine* ist der eigentliche Ursprung von *Madame Bovary*.

Mitte September 1849 lädt Flaubert Louis Bouilhet und Maxime Du Camp nach Croisset ein. Sein ländliches Rückzugsgebiet von der Welt bei Canteleu (unweit von Rouen) wird für mehrere Tage Schauplatz einer Lesung, an deren Ende den Autor der *Tentation de Saint Antoine* eine katastrophale Niederlage erwartet: Bouilhet rät ihm in rücksichtsloser Aufrichtigkeit, das Manuskript des *Antoine* schleunigst ins Kaminfeuer zu werfen. Es sei die Ausgeburt eines unkontrollierten, diffusen Lyrismus, voll von Sentimentalität und Romantik; er tue gut daran, nie wieder davon zu sprechen.

Flaubert ist zutiefst verletzt. Aber da er bald einsieht, dass die Kritik fundiert ist, wirft er seine Freunde nicht hinaus, sondern fragt nach den Schlüssen, die sich aus ihr ergeben. Man sagt ihm, er solle sich aller übermäßig komplizierten und romantischen Stoffe enthalten und sich irgendeinen normalen, gewöhnlichen Vorgang des bürgerlichen Lebens zum Gegenstand wählen, wenn er denn Erfolg haben wolle.

Flauberts Aussage, es sei keine Kleinigkeit, »einfach zu sein«, meint im Wesentlichen die praktische Umsetzung dieser Kritik im Anschluss an die Lesung der ersten Fassung des *Saint Antoine*. Bouilhet machte ihm dann den Vorschlag, die traurige Geschichte des Arztes Eugène Delamare zu schreiben, der von Flauberts Vater am Hôtel-Dieu in Rouen ausgebildet worden war und dessen Ehetragödie 1848/49 in der ganzen Normandie Aufsehen erregte.

So ist die Geburtsstunde von *Madame Bovary* jener entscheidende Augenblick im Leben des jungen Schriftstellers Flaubert, in dem dieser sich mit aller Radikalität von seiner bisherigen Literaturproduktion verabschiedet.

»Es fiele mir ganz schön schwer, meinen *Heiligen* umzuschreiben. [...] Ich will nicht sagen, daß ich es nicht versuchen werde. Aber das wird nicht so bald sein. Ich bin jetzt in einer ganz anderen Welt, einer Welt der aufmerksamen Beobachtung banalster Kleinigkeiten. – Ich habe den Blick auf die Schimmelflechten der Seele gerichtet. Von da ist es weit bis zu dem mythologischen und theologischen Auflodern des *Saint Antoine.* Und so anders das Sujet ist, so anders gehe ich auch beim Schreiben vor. Es soll in meinem Buch *keine einzige* Regung, *keine einzige* Reflexion des Autors geben. – Ich glaube, es wird in seiner Grundidee weniger erhaben sein als der *Saint Antoine* (eine Sache, auf die ich keinen großen Wert lege), doch vielleicht wird es etwas Überzeugenderes und Selteneres sein, ohne daß es danach aussieht« (an L. Colet, 8. Februar 1852, S. 370).

2. Reale und literarische Quellen

»Das Delamare-Thema«, so sagt Enid Starkie (1971), ist »nur der innerste Kern des Romans, das Sandkorn inmitten der Perle in der Auster« (Starkie, S. 339). Dennoch war es ohne Zweifel das Drama des Ehepaars Delphine und Eugène Delamare aus Ry, das Flaubert in der Hauptsache vor Augen hatte, als er an seinen Roman ging.

»Die Übereinstimmungen zwischen Emma Bovary und Delphine Delamare, deren tragische Geschichte kurz vor Flauberts Reise nach Ägypten in der Zeitung von Rouen stand, sind verblüffend. Beide heirateten im Alter von achtzehn Jahren einen verwitweten *officier de santé* [...], der zuvor mit einer um einiges älteren Frau verheiratet war. Emma wie auch Delphine hatten ein Kind, eine Tochter, beide verschuldeten sich infolge ihrer geheimen Affären, und beide begingen Selbstmord, noch bevor sie dreißig waren. Beide Ehemänner, Eugène Delamare und Charles Bovary, starben verarmt ein Jahr nach dem Tod ihrer zweiten Frau und ließen die Tochter als Waise zurück.«

Francine du Plessix Gray: Was wir träumen, wenn wir lieben. Das Leben der Louise Colet – Literatin, Feministin, Geliebte Flauberts. Aus dem Amerik. von Klaus Fritz und Manuela Olsson. München: Kindler, 1995. S. 353f. –

Auch Delphine Delamare, geb. Couturier, wurde im Kloster erzogen, war die Tochter eines Landwirts und sehr viel jünger als ihr Mann Eugène; und Charles' Lebenslauf scheint nach den Lebensdaten dieses Schülers von Flauberts Vater konstruiert worden zu sein. Eugène Delamare wurde 1811 in Rouen geboren, studierte hier Medizin, machte 1834 Examen und ließ sich als Arzt erst in Catenay, daraufhin, 1836, in Ry nieder. Im selben Jahr heiratete er die verwitwete Louise Mutel, die ein Jahr später an den Folgen einer Fehlgeburt starb. Im August 1839 heiratete Eugène Delphine Couturier.[1] Die Geburt einer Tochter (Alice Delphine, geboren 1842; sie kam nach dem Tod ihrer Eltern zu Pierre Couturier, Delphines Vater, und heiratete später einen Apotheker aus Rouen) und die rasch aufeinanderfolgenden Tode der Eheleute Delamare (Del-

1 Diese und nachfolgende Informationen über die Familie Delamare stammen von Marie Lefort vom *Office de Tourisme des Trois Vallées* in Ry.

phine starb 1848 mit 26, Eugène 1849 mit 37 Jahren – auch er vergiftete sich aus Verzweiflung, mit Zyanid) erinnern deutlich an die Familie Bovary. Doch Flaubert kopierte in *Madame Bovary* nicht die ›Affäre Delamare‹, sondern setzte seine fiktive Roman-Realität aus verschiedenen Lebens-Realitäten zusammen. Für *Emmas* Leben mag er auch dasjenige von Louise ›Ludovica‹ Pradier ›verwendet‹ haben, Frau des Bildhauers James Pradier, einer seiner zeitweiligen Geliebten, die mit ihrem ausschweifenden Lebensstil ihren Mann ruinierte.

»Ludovicas erst relativ spät wiederentdeckte Memoiren enthalten im Detail unverkennbare Parallelen zur Geschichte von Emma Bovarys finanziellem Ruin. [...] Das Manuskript, ein fesselndes Dokument mit dem Titel *Les mémoires de Madame Ludovica*, wurde erst vor wenigen Jahrzehnten in der Stadtbücherei von Rouen unter Flauberts frühen Entwürfen zu seinem letzten Roman *Bouvard et Pécuchet* entdeckt. Die vielen Randbemerkungen des Schriftstellers beweisen, daß er Emmas Weg in die finanzielle Katastrophe viel stärker an der flotten Pariserin ausrichtete als an der Ehebrecherin aus der Provinz.«

Ebd. S. 354f. – © für die deutsche Übersetzung 1995 Kindler Verlag GmbH, München. Mit Genehmigung der Mohrbooks AG, Zürich.

Ferner fand man in Flauberts Nachlass dann noch umfangreiche Notizen zur berüchtigten (Vergiftungs-)»Affäre Lafarge«, die ebenfalls in Emmas Geschichte Eingang fanden. »Beinahe ärgere ich mich, daß Du mir geraten hast, die Memoiren von Madame Lafarge zu lesen, denn wahrscheinlich werde ich Deinem Rat folgen, und ich fürchte, weiter entführt zu werden, als es mir lieb ist« (an L. Colet, 20. März 1852, S. 381).

Und schließlich war auch Louise Colet selber, Kronzeugin des Entstehungs- und Schreibprozesses *Madame Bovarys* bis zur »Klumpfußoperation« (danach trennte sich Flaubert

von der anstrengenden »Muse«), als lebende weibliche ›Quelle‹ für Emmas Person nicht ganz unwesentlich. DU PLESSIX GRAY übertreibt indessen deren angeblich übermächtige Relevanz »als Vorbild für Emma«, woran lediglich eindeutig wahr ist, dass Louise Colet, »wilde«, oft poseurhafte Romantikerin und literarische Karrieristin in einer Person, einen Mischtyp verkörperte, der Emmas Doppelnatur sehr ähnelte. Vor allem lieferte sie Flaubert reichlich und oft nervtötend Stoff für Emmas Gefühlsposen bzw. -exzesse. »Ausschließlich verliebt in die reine Linie, in die klare Kontur, in die überzeugende Farbe, in die volltönende Note, fand ich bei Dir immer was weiß ich für einen gefühlsduseligen Ton vor, der alles verwässerte und verdarb, bis hin zu Deinem Geist« (an L. Colet, 7. März 1847, S. 244).
Ein paar reale Einzelheiten aus der Beziehung Flaubert–Colet sind fraglos in *Madame Bovary* eingegangen, ohne dass allerdings ihretwegen die Gleichung »Emma = Louise« wirklich aufginge, wie du Plessix Gray meint: »Das überzeugendste Indiz aber ist die Inschrift *Amor nel Cor* auf dem Petschaft, das Emma Rodolphe gibt. Dieselbe Inschrift war auf der Zigarrenkiste zu lesen, die Louise Gustave zu Beginn ihrer Affäre schenkte« (du Plessix Gray, S. 356).
Anstelle weiterer »Real-Quellen«, die noch angeführt werden könnten (vgl. dazu auch Vargas Llosa, S. 99f., und Starkie, S. 341f.), soll noch eine literarische genannt werden: Flauberts frühe Erzählung *Passion et Vertu*. Ihrerseits auf einen Justizfall zurückgehend, weist die »philosophische Erzählung« (Untertitel) von 1837 einige Verwandtschaft mit *Madame Bovary* auf. Mazza, die Ehebrecherin, die sich im Zuge ihrer – vergeblichen – Suche nach »unendlicher Liebe, grenzenloser Leidenschaft« dem brutalen Frauenjäger Ernest hingibt (dem literarischen Roh-Entwurf Rodolphe Boulangers), hat große Ähnlichkeit mit Emmas äußerem und innerem Wesen; auch die Biographien der beiden Figuren überschneiden sich teilweise (Ehebruch, Selbstmord durch Vergiften), und selbst die

Namen (Em-ma Maz-za) besitzen unübersehbare rhythmische und bauliche Gemeinsamkeiten.
So zeigt sich, dass *Madame Bovary* die verschiedensten ›Quellen‹ verarbeitet und zu einem neuen, autonomen Ganzen zusammenfügt. Es ist daher richtig, wenn Flaubert sagte: »Nein, mein Herr, kein Modell hat mir vor Augen gestanden. *Madame Bovary* ist eine reine Erfindung. Sämtliche Personen dieses Buches sind vollständig erfunden, und selbst Yonville-l'Abbaye *existiert nicht*, auch nicht die Rieule etc.« (Brief an Émile Cailteaux, 4. Juni 1857; zit. nach: *M. B.* Neefs, S. 28; dt. Übers. Th. D.). Und: »*Madame Bovary* enthält nichts Wahres. Es ist eine *vollkommen erfundene* Geschichte« (an Mlle Leroyer de Chantepie, 18. März 1857; *Briefe*, S. 366). Wobei die erste Aussage eben so verstanden werden muss, dass der Roman nicht eine ›wahre‹ Geschichte abschildert (wohl aber die Realität benutzt): »Das Gute an der *Bovary* ist, daß das eine harte Gymnastik gewesen sein wird. Ich werde Reales zu Papier gebracht haben, was selten ist« (an L. Colet, 7. Juli 1853, S. 740).
Insofern ist die literaturwissenschaftliche Relevanz der Suche nach den »Hintergründen« nicht zu groß; »solche Bemühungen zielen [...] stets mehr auf die Hintergründe eines Werkes als auf das Werk selbst« (Eberhard Lämmert, *Bauformen des Erzählens*, Stuttgart 1955, [7]1980, S. 26), und »es macht geradezu das Wesen des Dichterischen aus, daß alle benutzten Realien ihres transliterarischen Bezugssystems entkleidet werden und innerhalb der fiktiven Wirklichkeit der Dichtung neuen Stellenwert und eine neue [...] Funktion erhalten« (ebd.). Was nun aber auch in Flauberts Fall durchaus nicht bedeutet, dass es keine Romanrealität oder Figur aus *Madame Bovary* je »wirklich« »gegeben« hat.

»Als wir mit ihm über *Madame Bovary* sprechen, sagt er uns, daß es eine einzige Figur gibt, die entfernt nach der Natur skizziert ist, den alten Bovary, einen gewissen

Enault, einen ehemaligen Zahlmeister der kaiserlichen Armee, ein versoffener Bramarbas, ein Gauner, der seine Mutter mit einem Säbel bedroht, um Geld zu bekommen, ein Polizistenkäppi auf dem Kopf, Stiefel, Lederhose; und in Sotteville Stütze des Zirkus Lalanne, der zu Hause in Waschschüsseln auf dem Herd bereiteten Glühwein zu trinken pflegte und bei dem die Kunstreiterinnen niederkamen.«

Tagebuch der Brüder Goncourt. Eintragung vom 4. März 1860. In: Gustave Flaubert: Der Briefwechsel mit den Brüdern Edmond & Jules de Goncourt. Aus dem Frz. und mit Anm. von Cornelia Hasting. Zürich: Haffmans bei Zweitausendeins, 2004. S. 19. –

»Yonville-l'Abbaye« und Ry

Wenngleich Flaubert im Sinne seines Konzepts des poetischen oder fiktiven Realismus zu Recht leugnete, dass seine Romanpersonen oder »Yonville-l'Abbaye« in der Wirklichkeit existiert hätten, gab es auch »Yonville-l'Abbaye« in gewissem Sinne natürlich dennoch – und gibt es das beschaulich wirkende Dorf »tatsächlich« »noch immer« (wie der Erzähler von *Madame Bovary* am Anfang des Zweiten Teils ja auch beteuert; vgl. 90 und IV,3).
»Das fiktive Yonville-l'Abbaye, in dem Flauberts Roman größtenteils spielt, ähnelt der kleinen Ortschaft Ry [...], wo die Delamares lebten. Ein Jahrzehnt nach Flauberts Tod wurde Ry als Hauptvorbild für Yonville identifiziert: Flauberts ungefähre Beschreibung der Hauptstraße Yonvilles im Manuskript – »einen Pistolenschuß lang, von ein paar Läden gesäumt« – verrät immer noch eine auffallende Ähnlichkeit mit der Grande Rue des heutigen Ry« (du Plessix Gray, S. 354).
Das dortige *Office de Tourisme des Trois Vallées* an der

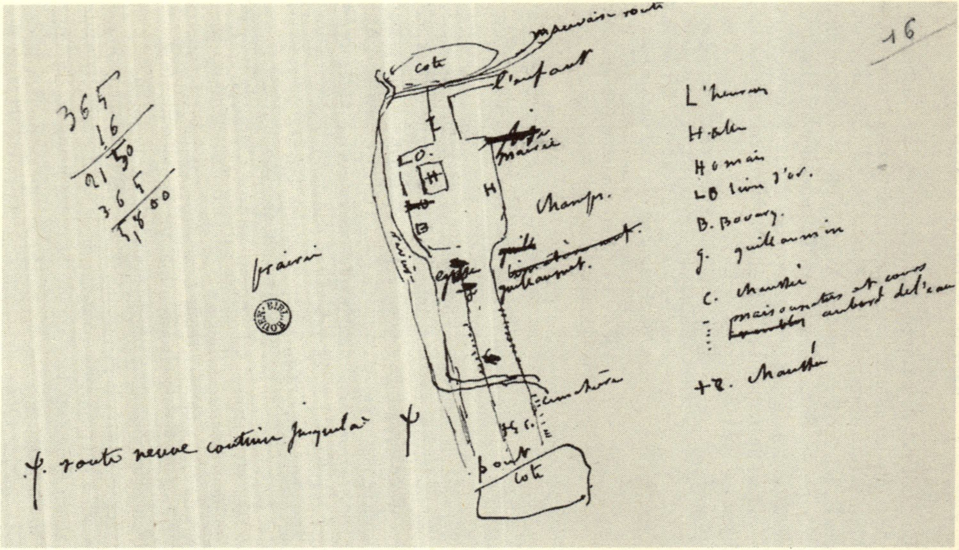
16
cote
Homais
B. Bovary.
prairie

Place Gustave Flaubert hat keine Mühen und Sorgfalt gescheut, für Flaubert- und *Madame Bovary*-Fans aus aller Welt einen schönen, gemäßigten literaturnostalgischen *»Bovary«*-Tourismus auszuarbeiten. So können Interessierte heute auf der immer faszinierenden, zugleich ernüchternden Suche nach der Wirklichkeit der literarischen Orte zum einen rund um Ry eine ausgedehnte Exkursion auf den Spuren Emma Bovarys, eine »Promenade au pays d'Emma Bovary« in mehreren Etappen unternehmen. Dabei mögen sie etwa auch St.-Germain-des-Essourts besuchen, das Heimatdorf der Augustine Ménage, Dienstmädchen bei den Delamares, das dann in *Madame Bovary* zur »Félicité« wurde; oder sich nach St. Denis-le-Thiboult begeben, in dessen unmittelbarer Nähe Emmas erster Liebhaber Boulanger sein Schloss La Huchette bewohnte; oder sie können auch nach Ernemont-sur-Buchy pilgern, im Roman Sitz des »Klosters Ernemont«, wo Abbé Bournisien zu Beginn des Zweiten Teils seinen Schirm vergessen hat …
Darüber hinaus werden sie sich direkt vor Ort, in Ry selbst, den verwirrenden Beziehungen zwischen Realität und Roman aussetzen. Hierzu ist vielleicht nicht zuletzt, am Ufer des Crevon, an der Place Gustave Flaubert, die »Galerie Bovary – Musée d'Automates« zu zählen, wo man in einer Art *Madame Bovary*-Trickfilm 300 »Hauptszenen« des Romans präsentiert bekommt und es daneben noch »une salle de documents authentiques (Les Delamare Bovary)« und »la reconstitution de la pharmacie Jouanne Fils 1850 (Homais) avec la façade et les comptoirs de l'ancienne pharmacie de Ry« in Augenschein zu nehmen gibt.
Man wird im Dorf, mit dem privaten *Madame Bovary*-Ortsplan in der einen und dem vom *Office de Tourisme* gefertigten Plan (»la fiction et la réalité«) »Sur les traces d'Emma Bovary« in der anderen Hand, nach all den ver-

---

Ursprünglich von Flaubert angefertigter Lageplan für Yonville

trauten Roman-Orten fahnden – nur wird man sie nicht finden oder aber an ganz anderer Stelle als von Flaubert angegeben. Und wieder einmal erweist sich, dass die Realität immer anders ist als die Fiktion.
So erfährt man beispielsweise, dass es damals im wirklichen Ry zwei Häuser der Delamares gab, die diese nacheinander bewohnten, und sich keines von ihnen dort befand, wo Emma und Charles im Roman wohnen – und hinter keinem floss, wie im Roman, »die Rieule« (der Crevon). Im ersten hat heute der Notar seine Kanzlei, im zweiten, wo Delphine und Eugène starben, befindet sich ausgerechnet die Dorfapotheke. Die Apotheke des Apothekers Dr. Alfred-Adolphe Jouanne, »La Pharmacie ›Homais‹«, hingegen ist heutzutage ein Kurzwarenladen. *L'auberge du Lion d'Or*, um 1840 in Ry *L'Hôtel de Rouen*, ist in der Gegenwart Sitz des Crédit Agricole, und der reale Lenker der Postkutsche Rouen–Yonville, *L'Hirondelle*, Hivert, war ein gewisser François Thérain, der aus Héronchelle kam. Was das Büro des reichen, lüsternen Notars Guillaumin betrifft, so ist es heute unerkennbar verschwunden im Warenhaus »La Révery«, das niemals einem Monsieur Lheureux gehörte. Der Notarschreiber von Ry hieß damals nicht Léon Dupuis, sondern Narcisse Bottais. Doch auch dieser begab sich wie jener nach Paris, um dort Jura zu studieren … Die ehemalige Markthalle ist zur Mairie geworden und liegt schräg gegenüber der Kirche. Die Kirche von Yonville-l'Abbaye existiert noch, wenngleich ihre Position keineswegs derjenigen im Roman entspricht. An einer ihrer Seiten findet man einen Gedenkstein:

A LA MÉMOIRE DE DELPHINE DELAMARE NÉE COUTURIER
MADAME BOVARY
1822–1848

Der Stein wurde 1990 aufgestellt; ein früherer zuvor entwendet. Bei der Kirche findet man auch noch Charles-Eugène Delamares verwitterten weißen Grabstein.

Erinnerungsstein für Delphine Delamare (Foto von 1990)
(Mit Genehmigung des *Office de Tourisme des Trois Vallées* in Ry)

Ici repose Eugène
Delamare
Médecin à Ry
décédé …

Emmas–Delphines Grabstein ist im Zuge einer Verlegung des Friedhofs im Jahre 1896 verschwunden. Auf ihm stand: »*Ici repose le corps de Delphine Couturier, épouse de M. Delamare, médecin, décédée le 6 mars 1848. Priez Dieu pour le repos de son âme.*«[2]
Flaubert selber aber, dessen Roman sich wesentlich in diesem Ort abspielte, seziert gegenüber dem Postamt, nahe beim *Office de Tourisme*, als Denkmal das heutige Leben in Ry.

2 Siehe Anm. 1.

3. Der Schreibprozess

»Das ist es, weshalb ich solche Mühe habe, es zu schreiben, dieses Buch. Ich muß große Anstrengungen unternehmen, um mir meine Figuren vorzustellen und weiter, um sie sprechen zu lassen, denn sie sind mir zutiefst zuwider. Schreibe ich jedoch etwas aus dem *Bauch*, geht es schnell. Indessen liegt dort die Gefahr. Wenn man etwas *aus sich heraus* schreibt, kann der Satz *als Wurf* gut sein (und die lyrischen Geister gelangen leicht zur Wirkung, indem sie ihrer natürlichen Neigung folgen), *aber das Ganzheitliche fehlt*, die Wiederholungen häufen sich, das Gefasel, die Gemeinplätze, die banalen Wendungen. Schreibt man dagegen etwas *Erdachtes*, wie muß sich dann alles aus der Konzeption ergeben, und wie hängt das kleinste Komma von dem allgemeinen Plan ab, wie muß die Aufmerksamkeit sich teilen! Man darf den Horizont nicht aus den Augen verlieren und muß gleichzeitig vor seine Füße schauen. Das Detail ist grausam, vor allem, wenn man es so liebt wie ich. Die Perlen bilden das Kollier, doch der Faden läßt es entstehen. Nun aber die Perlen auffädeln, ohne eine einzige zu verlieren und dabei immer seinen Faden in der anderen Hand halten, das ist das Kunststück« (an L. Colet, 26. August 1853, S. 786f.). – »Die Planung, das ist das Schwierigste. – Und da mein Sujet immer dasselbe ist, sich im selben Milieu abspielt [...], weiß ich nicht mehr, wie ich es schaffen soll, Wiederholungen zu vermeiden. Der einfachste Satz, wie: ›er schloß die Tür‹, ›er ging hinaus‹, etc. erfordert unglaubliche Kunstgriffe!« (ebd., 19. März 1854, S. 933). – »Mir dreht sich alles vor den Augen, und die Kehle brennt, nachdem ich auf hunderterlei Weise einen Satz gesucht, behauen, ausgewählt, um und um gewendet, zerpflückt und herausgebrüllt habe, der jetzt steht. – Er ist gut: Darauf kannst Du dich verlassen« (ebd., 25. März 1854, S. 939). – »Was für eine Langsamkeit! was für eine Langsamkeit!« (ebd., 2. Januar 1854, S. 885).

Louis Bouilhet (1822–69)
Flauberts Freund und Lektor

Vier *Madame Bovary*-Fassungen schrieb Flaubert, mehr als vier Jahre lang kämpfte er mit seinem ›Faden‹, seinen Details, Sätzen, Wörtern. Unaufhörlich revidierte er, unterstützt und angefeuert von Louis Bouilhet, der alles las, dem er seine Sätze vorlas, vorbrüllte und über den er nach dessen frühem Tod sagte: »Mit meinem armen Bouilhet habe ich meinen *Geburtshelfer* verloren, den, der meine Gedanken klarer gesehen hat als ich selbst« (an G. Sand, 12. Januar 1870, S. 260). Dokumentiert hat Flaubert den Schreibprozess in vielen Briefen an Louise Colet – vom Arbeitsbeginn bis zur »Klumpfußoperation« im Zweiten Teil, Kap. XI bzw. genauer der salbungsvollen Ansprache des Abbé Bournisien am Krankenbett des Operationsopfers Hippolyte. (»Ich stecke immer noch in den Klumpfüßen. [...] Ich hatte dieser Tage große Mühe mit einer *frommen* Ansprache. Was ich geschrieben habe, ist [...] von seltener Gottlosigkeit« (an L. Colet, 22. April 1854, S. 957). So lassen sich die Etappen des Schreibens an *Madame Bovary* bis April 1854 komplett nachvollziehen:

19. September 1851: Beginn von *Madame Bovary* (an L. Colet, S. 328).

24. April 1852: Der Erste Teil noch nicht fertig (ebd., S. 411).

2. Mai 1852: Flaubert arbeitet am Ersten Teil, Kap. VIII: »Ich muß meine Heldin auf einen Ball bringen« (ebd., S. 415).

15./16. Mai 1852: »Nun sind 120 Seiten fertig; ich habe wohl mindestens 500 geschrieben« (ebd., S. 423).

23. Mai 1852: Der Erste Teil »wird noch bis Ende Juli gehen« (ebd., S. 430).

18. Juli 1852: »Mein erster Teil ist annähernd fertig« (ebd., S. 478).

22. Juli 1852: Flaubert kopiert, korrigiert, kürzt den Ersten Teil (ebd., S. 482). Es sind zu diesem Zeitpunkt 158 Seiten.

26. Juli 1852: Flaubert muss noch zwei Wochen »revidieren«; hat das »Szenario« des Zweiten Teils begonnen, muss es überarbeiten; sein Plan: »Noch ein langes Jahr« (ebd., S. 486 f.).
4. September 1852: Beginn des Zweiten Teils, Topographie von Yonville (ebd., S. 509 f.).
13. September 1852: »diese Wirtshausszene« (im *Goldenen Löwen* am Anfang des Zweiten Teils) (ebd., S. 518) …
19. September 1852: … »wird mich vielleicht drei Monate kosten« (ebd., S. 522).
7. Oktober 1852: »Mein *Wirtshaus*« soll Ende des Monats fertig sein. »Die Handlung spielt sich in drei Stunden ab, ich werde mehr als zwei Monate darangesessen haben« (ebd., S. 538).
9. Oktober 1852: »Ich bin dabei, eine Unterhaltung zwischen einem jungen Mann und einer jungen Dame zu schreiben« (Zweiter Teil, Kap. II, Emma–Léon; ebd., S. 540).
16. Dezember 1852: Besuch Emmas/Léons bei der Amme, Mutter Rollet (Zweiter Teil, Kap. III) (ebd., S. 562).
29. Januar 1853: Flaubert glaubt, er habe »die Mitte« erreicht, der Roman solle 450–480 Seiten haben (tatsächlich wird er etwa 430 Seiten umfassen – aber Flaubert ist nur vorläufig schon in der Mitte), »ich bin jetzt auf Seite 204« (ebd., S. 573).
6. April 1853: Er habe seit 1. Januar 1853 39 Seiten geschrieben (ebd., S. 632).
10. April 1853: Er ist im Zweiten Teil, Kap. VI, dem Dialog zwischen Emma und Abbé Bournisien vor der Kirche (ebd., S. 639).
26. April 1853: Flaubert schreibt »eine Tirade von Homais über Kindererziehung« (Zweiter Teil, Kap. VI) (ebd., S. 661).
21. Mai 1853: Will Bouilhet »den ganzen Anfang meines zweiten Teils vorlesen« (ebd., S. 678).
25. Juni 1853: Die erste Hälfte des Zweiten Teils sei fertig (ebd., S. 718).

12. Juli 1853: »Die Aderlaßszene« im Zweiten Teil, Kap. VII (Aderlass am Knecht von Boulanger) (ebd., S. 748).
15. Juli 1853: »Heute abend habe ich soeben meine große Szene der Landwirtschaftsausstellung skizziert« (Zweiter Teil, Kap. VIII) (ebd., S. 752).
22. September 1853 (jetzt zwei Jahre Arbeitszeit): Er ist fast »in der Mitte« dieser Veranstaltung (ebd., S. 816).
25. Oktober 1853: Immer noch die Landwirtschaftsausstellung (ebd., S. 844).
29. November 1853: »Ende nächster Woche« soll das Kapitel »endgültig abgeschlossen« sein (ebd., S. 859).
23. Dezember 1853: Flaubert arbeitet an der Verführungsszene Boulanger–Emma (Zweiter Teil, Kap. IX) (ebd., S. 873).
2. Januar 1854: Die Szene (Zweiter Teil, Kap. IX, 199f.) ist fertig. Eine Überleitung davor von 8 Zeilen, »die mich 3 Tage gekostet hat«, muss »noch einmal umgeschrieben werden« (ebd., S. 885).
3. Februar 1854: Flaubert schreibt an Emmas und Boulangers Zusammensein in der Gartenlaube (Zweiter Teil, Kap. X, 209f.) (ebd., S. 919).
19. März 1854: Flaubert meint, er hätte nun »zwei Drittel« hinter sich (ebd., S. 933) – ein Irrtum.
7. April 1854: Er bereitet sich auf die »Klumpfußoperation« vor (Zweiter Teil, Kap. XI, 215f.) (ebd., S. 945). Zu diesem Zeitpunkt hat er de facto noch ungefähr die Hälfte zu machen.
18. April 1854: Arbeit an der Klumpfußoperation (ebd., S. 953f.).
22. April 1854: Er hat die ›selten gottlose‹ Ansprache von Bournisien im Zweiten Teil, Kap. XI, 223f. geschrieben (ebd., S. 957).

Nach dem Bruch mit Louise Colet im April 1854 wird die Dokumentation des Schreibprozesses lückenhaft. Fast ein Jahr später, am 10. Mai 1855 (er hat in diesem Jahr rund

70–73 Seiten geschafft), teilt er dem »Ungeheuer« Bouilhet mit: »Es bleiben mir noch vielleicht 120–140 Seiten« (*Briefe*, S. 330 f.). Offenbar befindet sich Flaubert nunmehr am Anfang des Dritten Teils (vielleicht 293). Im Brief an Bouilhet ist von Léon Dupuis die Rede (»Es könnte auch sein, daß mein junger Mann wegen seiner Feigheit dem Leser bald verhaßt wird. Die Grenze bei diesem schäbigen Charakter einzuhalten, ist keineswegs leicht …«), der im Rouener Gasthof *Zum Roten Kreuz* halbherzig Emmas Verführung vorzubereiten versucht. »In acht Tagen werde ich bei den großen Orgien in Rouen sein« (ebd., S. 331). Am 30. September 1855 (vier Jahre nach Arbeitsbeginn) schließlich ist er, einem weiteren Brief an Bouilhet zufolge, beim ersten Auftauchen des »Blinden« am »Hügel des Bois-Guillaume« angelangt (ebd., S. 336), also im V. Kapitel des Dritten Teils (329 f.). Sieben Monate später schließt er das Manuskript (am 30. April 1856) vorerst ab.

4. Die (Vor-)Veröffentlichung in der *Revue de Paris*

Die (Vorab-)Druckgeschichte von *Madame Bovary* ist kompliziert und wird oft missverständlich dargestellt. Eine zuverlässige Darstellung des Vorgangs gibt Neefs in seinem »Dossier« (*M. B.* Neefs, S. 511–513).

Ende April 1856 war Flaubert also (zunächst) mit dem Roman fertig, d. h., er hatte ein »Endmanuskript« von *Madame Bovary* vorliegen – welches indessen in dieser Form weder in der *Revue* noch später als Buch erschien. Zunächst ließ er eine Kopie von diesem Manuskript anfertigen (das als »ancient manuscript« oder »Endmanuskript«, so wie es war, erhalten blieb – aber so nicht gedruckt wurde). In dieser endgültigen Kopie (»la copie finale du roman«) nahm er sodann aus eigenem Willen bis Ende Mai 1856 noch viele Veränderungen und Eliminierungen vor –

Flaubert strich etwa 30 Seiten (vgl. Anm. zu 8,2). Dies meldete er am 1. Juni 1856 an Bouilhet: »Gestern habe ich endlich Du Camp das Manuskript der *Bovary* geschickt, erleichtert um 30 Seiten, ohne die hie und da gestrichenen Zeilen zu zählen. Ich habe drei große Tiraden von Homais weggelassen, eine ganze Landschaftsschilderung, die Unterhaltungen der Bürger auf dem Ball, einen Artikel von Homais, usw. usw. Du siehst, Alter, ich bin heroisch gewesen. Hat das Buch dadurch gewonnen? Sicher ist, daß das Ganze jetzt mehr Bewegung hat« (*Briefe*, S. 338).

Nachdem die von Flaubert bearbeitete und gekürzte Kopie mit den von ihm gemachten Veränderungen in die Hände des Mitherausgebers der liberalen, neu gegründeten *Revue de Paris* gelangt war, begann die erste Phase der Druckgeschichte von *Madame Bovary*, die für Flaubert zum Nervenkrieg wurde. Abgesehen von eigenen, bis zur Veröffentlichung der ersten Folge noch vorgenommenen Eingriffen (so gliederte Flaubert die drei Teile noch in Kapitel, nahm kleine Veränderungen und Streichungen vor und änderte den Romananfang), folgte ein zermürbender Diskussionsprozess mit den Leitern der *Revue*: Maxime Du Camp und Léon Laurent-Pichat forderten permanent Streichungen. Diese wurden z. T. mit Flaubert abgesprochen, z. T. aber auch nicht, teils wieder revidiert, teils nicht. Sie betrafen Passagen, Absätze, Sätze, Satzteile oder auch einzelne Wörter (vgl. I, vor allem Anm. zu 15,33 f.).

Guy de Maupassant veröffentlichte in seinem Aufsatz *Gustave Flaubert* (1884) auch Du Camps tatsächlich beispiellosen Empfangsbestätigungsbrief vom 14. Juli 1856 an Flaubert:

»Lieber Alter, Laurent-Pichat hat Deinen Roman gelesen [...]; wir werden Kürzungen vornehmen, die wir für unerläßlich halten [...]. Du hast Deinen Roman unter einem Haufen von Dingen vergraben, die gut geschrieben, aber unnütz sind [...]; es handelt sich darum, ihn zu befreien;

das ist nicht schwer [...]: man wird Deiner Kopie kein Wort hinzufügen; man wird nur streichen; das kostet Dich etwa hundert Francs, die von Deinem Honorar einbehalten werden, und Du wirst eine wirklich gute Sache veröffentlicht haben, statt eines unvollkommenen und zu vollgestopften Werkes. [...]
Die beiden Kollaborateure, die Herren Pichat und Maxime Du Camp, haben sich tatsächlich an die Arbeit gemacht, das Werk ihres Freundes von jenem *Haufen gut geschriebener, aber unnützer Dinge*, die es verdarben, zu befreien; denn man kann auf einem vom Autor aufbewahrten Exemplar der ersten Ausgabe des Buches folgende Zeilen lesen:

> Dieses Exemplar gibt mein Manuskript wieder, so wie es aus den Händen des Sieur Laurent-Pichat, Dichter und leitender Redakteur der *Revue de Paris*, hervorgegangen ist. *Gustave Flaubert.*
> 20. April 1857

Wenn man das Buch aufschlägt, entdeckt man, dass auf jeder Seite Zeilen, Absätze, ganze Passagen weggelassen wurden. Die Mehrzahl der originellen und neuen Dinge sind sorgfältig gestrichen.
Und weiter liest man von Gustave Flauberts Hand auf dem letzten Blatt:

> Nach Ansicht Maxime Du Camps sollte die *ganze* Hochzeit weggelassen und Pichats Ansicht nach die *Landwirtschaftsausstellung* gestrichen, oder zumindest beträchtlich gekürzt und von Anfang bis Ende *neugeschrieben* werden! Nach allgemeiner Auffassung bei der *Revue* war der *Klumpfuß* entschieden zu lang, ›unnütz‹.«

Guy de Maupassant: Gustave Flaubert (1884). In: Gustave Flaubert: Der Briefwechsel mit Guy de Maupassant. Aus dem Frz. und mit Anm. von Cornelia Hasting. Zürich: Haffmans, 1997. S. 333–335. –

LOTTMAN (1992) hat den Prozess des Vorabdrucks so nachgezeichnet:

»Obwohl er *Madame Bovary* bereits erheblich gekürzt hatte, war Du Camp der Meinung, daß er nicht genug gestrichen hätte! Du Camp teilte ihm dies am 14. Juli mit, zusammen mit einem Memorandum seines Partners bei der *Revue de Paris*, Léon Laurent-Pichat, in dem einschneidende Änderungen verlangt wurden [...].
Flaubert nahm sofort den Zug nach Paris [...]. Er erreichte das Versprechen, daß nichts gestrichen würde – jedenfalls glaubte er dies. [...]
Wenn wir Du Camp glauben wollen, waren viele seiner Abonnenten aufgebracht, als die ersten Kapitel von Flauberts Roman erschienen. Konnte es denn eine Frau wie Emma Bovary im schönen Frankreich geben? Dies war der allgemeine Ton der Proteste, Du Camp fügte hinzu, daß Anfang November, also gleich nach dem Erscheinen der dritten von insgesamt sechs Folgen, ihn ein Freund, der der Regierung nahestand, davor warnte, daß die Zeitschrift vor Gericht kommen könnte. Die *Revue de Paris* hatte nämlich auch Regimegegner zu Wort kommen lassen. Du Camps Brief an Flaubert vom 19. November zeigt deutlich, was auf dem Spiel stand: ›Deine Szene in der Kutsche ist unmöglich –, uns schert das nicht [...], aber die Polizei ... sie warten auf uns, und sie werden uns schnappen, wenn sich ihnen die Gelegenheit bietet.‹ [...] Du Camp erinnerte sich später an Flauberts wörtliche Antwort: ›Es kümmert mich nicht; es kümmert mich nicht, wenn sich die Bourgeoisie über meinen Roman aufregt.‹ [...]
Die Ausgabe vom 1. Dezember erschien ohne die Kutschenszene [...]. Dann war es Laurent-Pichat, der dem Autor mitteilte, daß im nächsten Kapitel noch mehr gestrichen werden müsse. Flaubert schoß zurück [...]. Er sei ihnen schon sehr entgegengekommen, aber er könne nicht

noch mehr tun, ›keine einzige Korrektur, keine einzige Streichung [...]‹.
Die letzte Folge des Romans erschien am 15. Dezember, wieder mit Streichungen, diesmal [...] von religiösen und moralischen Stellen [...]. Dem Text war ein von Gustave Flaubert gezeichneter Protest vorangestellt: ›Gewisse Erwägungen, die ich nicht gutheiße, haben die *Revue de Paris* dazu geführt, in der Folge vom 1. Dezember eine Passage zu streichen. Da diese Bedenken auch für die vorliegende Ausgabe gegolten haben, hat sich die Zeitschrift gezwungen gesehen, auch hier weitere Passagen zu entfernen. Darum erkläre ich hiermit, daß ich für die folgenden Zeilen nicht verantwortlich bin [...]‹.

Herbert Lottman: Flaubert. Eine Biographie. Frankfurt a. M. / Leipzig: Insel, 1992. S. 181–186. – © 1992 Insel Verlag, Frankfurt am Main.

Trotz (bzw. eher wegen) der *Revue*-Eingriffe wurde der französische Staat auf *Madame Bovary* aufmerksam:

»Der für die Überprüfung der Bücher und Zeitschriften verantwortliche Beamte [...] beantragte Strafverfolgung [...]. Noch bevor die letzte Folge erschienen war, wurde Flaubert vor den Untersuchungsrichter zitiert, und ihm wurde mitgeteilt, daß man ihn wegen seiner Verstöße gegen Moral und Religion anklagen werde. Grundlage für das Verfahren schien die Szene mit Emmas Letzter Ölung zu sein, obwohl der Verfasser darauf hinwies, daß diese Szene Wort für Wort auf dem offiziellen kirchlichen Ritus beruhe. Die Staatsanwaltschaft warf Flaubert vor, sogar in dieser Szene spiele Emmas Sinnlichkeit eine Rolle, als Beweis dafür wollte man das derbe Lied des blinden Bettlers anführen, welches außer den Gebeten zu hören ist. [...]
Am 15. Januar 1857 erfuhr Flaubert von seinem Anwalt, daß es zu einem Prozeß komme.«

Ebd. S. 186–188. – © 1992 Insel Verlag, Frankfurt am Main.

5. Der Gerichtsprozess

DU PLESSIX GRAY verkennt in ihrer Darstellung des Flaubert-Prozesses, der am 29. Januar 1857 in Paris begann und am 7. Februar endete, sowohl *Madame Bovary* als auch die wahren Prozessgründe, die mehr im ordnungspolitischen als im sexuellen Sektor lagen. Der Roman war – erst recht nicht in der *Revue*-Fassung – kein »sexuell unverblümtes Werk«, wohl aber ein unverblümt kritisches (vgl. III).

»Obwohl einige der einflußreichsten Leute Frankreichs, darunter Lamartine und Prinzessin Mathilde, die Cousine des Kaisers, ihre Bewunderung für *Madame Bovary* ausdrückten und Hunderte einflußreicher Damen der Gesellschaft über Nacht zu ›*Bovarystes enragées*‹ wurden, lief ein sexuell so unverblümtes Werk Gefahr, unter dem repressiven Regime Napoléons III. verfolgt zu werden [...]. Drei Personen wurden vor Gericht geladen: Flaubert, der Herausgeber der *Revue de Paris* und ein Herr Pillet, der Drucker der Zeitschrift.
Als es zur Verhandlung kam, war jedoch sofort klar, daß die Anklage keine große Aussicht auf Erfolg hatte. Der Vorsitzende Richter war ein kultivierter Mann, für den der Fall eine willkommene Abwechslung im täglichen Einerlei der Gerichtsverfahren gegen Diebe, Zuhälter und Prostituierte bedeutete. [...] Der Staatsanwalt hingegen war literarisch kaum gebildet und sorgte mit seinen Fauxpas im Verhandlungssaal für ständige Erheiterung. Das Gericht ließ zwar erkennen, daß es ›das Leben, wie es sein sollte, dem Leben, wie es ist‹ vorzog, doch sprach es Flaubert und die Mitangeklagten frei.«

Francine du Plessix Gray: Was wir träumen, wenn wir lieben. Das Leben der Louise Colet – Literatin, Feministin, Geliebte Flauberts. Aus dem Amerik. von Klaus Fritz und Manuela Olsson. München: Kindler, 1995. S. 358f. –

Und zwar »aus Mangel an Beweisen«, obgleich Staatsanwalt Pinard, um zu »beweisen«, den halben Text vorlas. Flauberts Freispruch war seinem unangreifbaren objektiven Stil sowie seinem großartigen Verteidiger Marie-Antoine-Jules Sénard zu danken.

6. Die Buchveröffentlichung

Deshalb erschien *Madame Bovary* im April 1857 mit einem ausführlichen, respektvoll vorangestellten Dank an Sénard. Textgrundlage war die berüchtigte »copie finale du roman« für die *Revue* – »Alles wieder einfügen, was hier mit einer Wellenlinie gestrichen ist«, vermerkte Flaubert am Rand der Abschrift (Lottman, S. 193). So kam der Roman als Buch unzensiert heraus, bis auf die vom Gericht verlangte Streichung einiger Stellen (ebd., S. 191). Zuerst zweibändig beim Pariser Verleger Michel Lévy, bei dem die meisten bedeutenden Autoren der Zeit, u. a. auch George Sand, erschienen. Die Startauflage lag bei 6600 Exemplaren. Schon während des *Revue*-Abdrucks hatte Lévy sich mit schlauem Gespür die Rechte gesichert, lehnte es jedoch laut Flaubert ab, das Manuskript zuvor zu lesen. Dieser erhielt 800 Francs Honorar (ungefähr 2000 Euro). »Wir können noch heute den Vertrag für *Madame Bovary* lesen (er ist nicht einmal eine Seite lang). Mit diesen achthundert Francs erwarb Lévy die Rechte für den Roman für einen Zeitraum von fünf Jahren. […] Später beklagte sich Flaubert darüber, wie wenig Geld er für dieses Buch bekommen habe […]« (du Plessix Gray, S. 192f.).
Im Mai 1857 gab es schon die zweite Auflage (15000 Exemplare waren verkauft), eine dritte folgte im selben Jahr. Jeweils zusammen mit neuen Flaubert-Werken veranstaltete Lévy seiner Praxis gemäß Neueditionen (1862 und 1869). Heftige Meinungsverschiedenheiten führten 1872 dazu, dass Flaubert sich von seinem ersten Verleger

trennte. »Seit dem vergangenen 1. Januar gehören mir *Madame Bovary* und *Salammbô*, und ich könnte sie verkaufen. Ich mache nichts mit ihnen, da es mir lieber ist, kein Geld zu haben, als mir die Nerven zu zerstören« (an G. Sand, 12. März 1873, S. 414).

Trotzdem einigte er sich mit Georges Charpentier (1846–1905), dem Verleger der Naturalisten (z. B. Zolas), der 1873 *Madame Bovary* in einem Band veröffentlichte. 1874 gab es dann eine Ausgabe in zwei kleinen Bänden bei Lemerre.

III. Flaubert, sein Thema und *Madame Bovary*

»Wir sind allein. Allein wie der Beduine in der Wüste. Wir müssen unser Gesicht bedecken, uns in unsere Mäntel hüllen und mit gesenktem Kopf dem Orkan entgegengehen – und immer und ohne Unterlaß bis zu unserem letzten Wassertropfen, bis zum letzten Zucken unseres Herzens. Wenn wir sterben, werden wir den Trost haben, einen weiten Weg hinter uns gebracht und uns im Großen bewegt zu haben. Ich empfinde gegen die Dummheit meiner Epoche Haßfluten, die mich ersticken. [...] Die *Bovary* geht pianissimo« (an Louis Bouilhet, 30. September 1855; *Briefe*, S. 336). – »Was für eine ungeheure Farce ist ... alles! Doch eine nicht eben sehr fröhliche« (an G. Sand, 3. August 1870, S. 296). – »In meinem 3. Teil, der voller Farcen sein wird, sollen die Leute weinen« (an L. Colet, 9. Oktober 1852, S. 540).
Es gibt kaum einen Schriftsteller im Frankreich des 19. Jahrhunderts, der sein Leiden an der Gesellschaft der Zeit, in der er lebte, derart frenetisch und konsequent in der Kunst dargestellt (und zu kompensieren versucht) hat wie Flaubert. Obwohl sich in seinem Gesamtwerk eine charakteristische Zweiteilung in realistisch-bürgerliche und »antirealistische« Sujets feststellen lässt (*Madame Bovary, L'Éducation sentimentale*, 1869, *Un cœur simple*, *Bouvard et Pécuchet / Salammbô*, *La Tentation de Saint Antoine*, *Saint Julien l'Hospitalier*, *Hérodias*), scheint die Dominanz des bürgerlichen Themas und Flauberts beständige Rückkehr zu ihm unverkennbar zu sein. Denn stets, wenn er regelrechte Fluchtwege in historische oder mythologische Stoffe beschritt – so auch nach *Madame Bovary* in *Salammbô* (1862) (»Und auf der anderen Seite drängt es mich, große, prunkvolle Dinge zu verfassen, Schlachten, Belagerungen, Beschreibungen des alten märchenhaften Orients«; an L. Colet, 2. Januar 1854, S. 887) –, stand das

Scheitern der Flucht schon fest, war der nächste (anti-)bürgerliche Stoff bereits programmiert. (Nach *Salammbô* folgte die zweite *Éducation sentimentale.*) Immer erneut wendet Flaubert sich, wie unter Zwang, der verhassten bürgerlich-französischen Gesellschaft zu. (Als er 1880 über *Bouvard et Pécuchet*, der humorvoll-sarkastischen Kritik des Unsinns der bürgerlichen Wissenschaften, starb, hatte er noch zwei weitere »Abrechnungen« im Visier; Arbeitstitel: *Sous Napoléon III.* und *Monsieur le Préfet.*)

Eine spezielle Leidensstrategie war für diese Themenpräferenz der Grund. Flauberts Briefe (gerade auch während der Arbeit an *Madame Bovary*) offenbaren, dass die Produktion von Literatur für ihn die einzige Möglichkeit darstellte, die ihn umgebende bourgeoise Welt des 19. Jahrhunderts, die ihm als Inkarnation der Dummheit und »Schurkenhaftigkeit« vorkam, geistig-psychisch überhaupt auszuhalten. »Da hast Du die niedere Rasse der Leute, die *an der Spitze der Gesellschaft* stehen. In was für einem Dreck wir waten! Was für ein Niveau! [...] Und was für Reden! Was für eine Sprache! Welche Gewöhnlichkeit! Wo soll man leben, barmherziger Gott!« (an L. Colet, 22. August 1853, S. 781). – »89 hat das Königtum und den Adel zu Fall gebracht, 48 die Bourgeoisie und 51 *das Volk*. Nichts ist mehr übrig als eine schurkische und schwachsinnige Meute« (ebd., 22. September 1853, S. 816). – »Wohin man auch schaut, man sieht nur Tränen, Unglück, Elend oder Dummheit, Niedertracht! Feigheit! Schurkereien und andere kleine Gemeinheiten, wie Rabelays sagen würde« (ebd., 5. März 1853, S. 589). – »[...] ich bin nicht aus diesem Jahrhundert, ich fühle mich fremd unter meinen Landsleuten [...], und ich beginne ernstlich, den Prinz-Präsidenten zu bewundern, der das ganze edle Frankreich unter den Sohlen seiner Stiefel einebnet« (ebd., 29. Mai 1852, S. 439). – »In Epochen, da jegliche Gemeinschaftsbindung zerbrochen und die Gesellschaft nichts anderes ist als allgemeines Banditentum [...], mehr oder weniger gut organisiert, [...] ist es eben angebracht, sich wie jedermann seinen eigenen Egoismus zu schaffen (nur einen schöneren) und in der eigenen Höhle zu leben« (ebd., 14. August 1853, S. 762). – »Der Gestank der Kadaver ekelt mich weniger an als die Ausdünstungen des Egoismus, die aus allen Mündern dringen [...]. Bis auf sehr wenige Ausnahmen schienen mir *alle* reif für die Irrenanstalt. Eine Hälfte der Bevölkerung hat Lust, die andere zu erdrosseln, die mit ihr das gleiche vorhat. Das kann man in den Augen der Passanten klar erkennen« (an G. Sand, 11. Juni 1871, nach der »Blut-Woche« im Mai 1871, S. 326). – »Ja, das würde erleichtern, die ganze maßlose Verachtung herauszukotzen, die einem bis zum Halse steht. [...] Man muß stoisch werden, wenn man in den traurigen Zeiten lebt, in denen wir uns befinden« (an L. Colet, 26. April 1853, S. 660f.). – »Das Mittel, in innerem Frieden und in freier Luft zu leben ist, sich auf irgendeiner Pyramide einzurichten, ganz gleich, auf welcher, vorausgesetzt, sie ist hoch und die Basis solide. – Ah! das ist nicht immer vergnüglich, und man ist ganz allein, aber man tröstet sich, indem man von oben herunterspuckt« (ebd., 29. Mai 1852, S. 438).

Indem er das, woran er sein Leben lang übermäßig, ohne den Anflug von Koketterie, litt, in und zu Literatur verarbeitete, es darstellte, analysierte, ›sezierte‹, tat Flaubert das einzig ihm Mögliche, in der ihm fremden Welt zu überleben. Weit entfernt vom Glauben an eine politische Wirksamkeit von Kunst, verfasste er alle seine Werke, besonders aber *Madame Bovary*, die *Éducation sentimentale*, *Bouvard et Pécuchet* und *Un cœur simple*, obwohl er sie veröffentlichte, fast ausschließlich für sich selbst, in therapeutischer Absicht, bzw. für die wenigen ihm zumeist unbekannt bleibenden Leser, von denen er sich seelenverwandtes Verständnis erhoffte. Das war, bezüglich dieses ›Stranges‹ seines janusköpfigen Œuvres, *seine* Spielart des

Flaubert seziert das Herz von Madame Bovary
Karikatur von A. Lemot

L'art pour l'art. Auch Flauberts ›bürgerliches‹ Werk ist von daher immer Flucht. »So dürftig meine Fiktionen auch sein mögen, sie sind besser als die erdrückende Wirklichkeit« (an Madame Brainne, 25. April 1879; *Briefe*, S. 693).

»Von mir wird man nie sagen, was man über Dich [...] sagt: ›All ihr Bemühen gilt jenem hohen Zweck‹ (das Streben nach einer besseren Zukunft). Nein, singen darf man nur, um zu singen« (an L. Colet, 22. April 1854, S. 957).

»Wozu das Leben akzeptieren, wenn man von Gott dazu geschaffen ist, es zu richten, das heißt, es zu schildern?« (ebd., 21. Mai 1853, S. 679).

Wenn Erich Köhler also 1959 über Flauberts Realismus urteilte: »Flaubert's Realismus ist kritischer Realismus [...]. Die Realität durchschauen und sezierend bloßlegen ist die einzige Möglichkeit, ihr zu begegnen, denn zu ändern ist sie nicht« (Köhler, S. 323), so hatte er Flauberts Verhältnis zur historischen Realität und die für ihn daraus folgende literarische Konsequenz absolut zutreffend gedeutet.

»Ich werde zum Kritiker. Der Roman, den ich schreibe, schärft diese Fähigkeit. – Denn er ist vor allem ein kritisches oder vielmehr anatomisches Werk« (an L. Colet, 2. Januar 1854, S. 886).

Hugo Friedrich brachte diese Haltung wie folgt auf ihren theoretischen Begriff: »Da ein Eingreifen in sein [des Daseins, Th. D.] Fatum nicht möglich scheint, treibt der Wille, der die Ohnmacht nicht aushält, in die Erkenntnis des Tatsächlichen [...]. Die Kunst, welche das reine Feststellen und Aussagen des Trivialen leistet, bleibt als einzige Aktivität inmitten einer so verzweifelten Stimmung übrig« (Friedrich, 1939, S. 147).

Flauberts lebenslanger rigoroser Geschichtspessimismus erklärt sich wesentlich aus der Erfahrung des Ausgangs der Revolutionen von 1848, die er als 26-Jähriger zusammen mit Bouilhet und Du Camp zum Teil beobachtend miterlebte und deren faktisches Ergebnis das Regime Napoléons III. war (vgl. IV,3). Die historischen Ereignisse veranlassten ihn in der Tat, »aus der Enttäuschung über die Niederlage der Freiheit den illusionären Charakter der Freiheit« (Köhler, S. 325) generell zu folgern: Flaubert, bei der Veröffentlichung von *Madame Bovary* 35 Jahre alt, gab spätestens während der Arbeit an seinem künftigen Klassiker jede Hoffnung auf die individuelle Beeinflussbarkeit oder wirkliche Änderbarkeit der Geschichte auf (vgl. IV,3).

»Mir ist heute eine große Lehre erteilt worden, und zwar von meiner Köchin. Dieses Mädchen, das 25 Jahre alt und Französin ist, wußte nicht, daß Louis-Philippe *nicht mehr König von Frankreich* ist, daß eine Republik entstanden ist etc. Das interessiert sie alles nicht (wörtlich). Und ich halte mich für einen intelligenten Mann! Aber ich bin nichts als ein dreifacher Idiot! Wie diese Frau, so muß man sein« (an L. Colet, 30. April 1853, S. 666).

Aus seiner »Geschichts-Enttäuschung« heraus wurde Flaubert nicht zum dekadenten Ästheten, der sich an der schönen ästhetischen Illusion berauschte – »der Fatalismus des 19. Jahrhunderts [...] unterschied sich [...] sehr wesentlich von einer Flucht in die ästhetische Illusion. Er besaß das rettende Rückgrat des Erkenntniswillens. Er wandte sich, anschauend, feststellend, dem ungeliebten Wirklichen zu. Dies ist auch [...] die Auszeichnung Flauberts« (Friedrich, S. 146) –, sondern zum literarischen Kritiker der seit 1851 militärisch gestützten bourgeoisen Gesellschaft Frankreichs; und nach dem farcehaften Verlauf der 48er Revolutionen (vgl. die *Éducation sentimentale*) setzte er sich in der Einsamkeit Croissets an seine eigene private: nämlich die »Revolution in der Literatur« (Maupassant/Zola).

Das Hauptthema von Flauberts Zeit-Romanen ist die bourgeoise Menschheit, d. h. »die ständige Feststellung der Mittelmäßigkeit, der Banalität, der Dummheit in all ihren Ausprägungen. Er notiert sie auf allen Seiten, beinahe allen Absätzen mit einem Wort, einer schlichten Überlegung, dem Ton einer Szene oder eines Dialoges. Er erfüllt den intelligenten Leser [...] mit verzweifelter Melancholie« (Maupassant, 1884, S. 383).

Auch *Madame Bovary* verfolgte dieses Sujet, und es ist falsch, in diesem Roman allein die Generalabrechnung Flauberts mit »der Romantik« zu erblicken (so etwa bei Arnold Hauser, *Sozialgeschichte der Kunst und Literatur*, München 1975, S. 836f.). Zwar geht es auch darum; doch der Roman-Untertitel signalisiert, dass *Madame Bovary* hauptsächlich das *bürgerliche* (Provinz-)*Leben* behandelt, obgleich die bis in die letzten Tiefen ausgeloteten Charakterstudien Emma und Charles Bovarys und das Drama ihrer »Beziehung« und Ehe die entscheidende Vordergrundhandlung bilden. »Es ist das gleichförmige Bild von einem bürgerlichen Leben« (an L. Colet, 17. Januar 1852; *Briefe*, S. 184), schrieb Flaubert an Louise Colet über sein Thema, und nach Beendigung der Arbeit umriss er es so: »Ich glaube, daß ich in die Darstellung der bürgerlichen Sitten und die Schilderung des Charakters einer von Natur aus korrumpierten Frau soviel Literatur und Anstand wie möglich hineingelegt habe, bei dem gegebenen Thema natürlich« (an Louis Bonenfant, 12. Dezember 1856; *Briefe*, S. 352).

Man darf daher glauben, wie Flaubert nicht müde wird zu betonen, dass der Roman für ihn keine ungetrübte Freude war. »Der Gestank des Inhalts in Verbindung mit den formalen Schwierigkeiten macht mich manchmal fertig« (an L. Colet, 22. April 1853, S. 656). – »Ah, mein Gott, was sind das für Wesen, die Bourgeois!« (ebd., 13. September 1852, S. 517f.). – »Dieses bourgeoise Sujet stumpft mich ab. Ich leide unter Homais« (ebd., 2. Juni 1853, S. 696).

Seinen großen Schwur konnte er allerdings nicht einlösen: »Es ist wirklich das letzte Mal in meinem Leben, daß ich mich mit dem Bourgeois befasse. Dann schon lieber Kro-

kodile schildern, das ist ein leichteres Unterfangen« (ebd., 2. März 1854, S. 927).
Letztlich setzte Flaubert gleich in *Madame Bovary* das Literaturprogramm in die Tat um, welches er Louise Colet, einer höchst mittelmäßigen Literatin, schon zehn Jahre vor dem Erscheinen seines eigenen ersten großen Werkes ebenso dringend wie vergebens empfahl: »nämlich einen großen, ganz schlichten Roman schreiben, gemischt aus Ironie und Gefühl, das heißt wahr« (ebd., 13. Oktober 1846, S. 167), verfasst, im Unterschied zu *Uncle Tom's Cabin* von Harriet Beecher Stowe (1852 mit sehr großem Erfolg in Frankreich erschienen), weder »unter einem moralischen und religiösen«, sondern »unter einem *humanen* Standpunkt« (ebd., 9. Dezember 1852, S. 557).

IV. Struktur, Komposition, Gestaltung der Zeit

1. Zum Aufbau des Romans

»Und wer wird je die schwierigen Kombinationen wahrnehmen, die ein so einfaches Buch mir abverlangt hat? Was für eine Mechanik ist doch das Natürliche, und wieviel List ist nötig, um wahr zu sein! [...] Alles kommt aus dem *Kopf*« (an L. Colet, 6. April 1853, S. 632) – »Dem style geht [...] die Arbeit an der *Komposition* des Ganzen voraus. Imaginer, composer und écrire sind Schritte *eines* kontinuierlichen Vorgangs« (Frey, S. 205).

Madame Bovary ist definitiv ein exakt durchkonstruierter Roman, dessen Aufbauprinzipien allerdings nicht auf den ersten Blick zu durchschauen sind. Der Roman ist in drei Teile gegliedert, von denen der erste neun, der zweite fünfzehn und der dritte elf Kapitel enthält. Die Dreiteilung folgt, wie Frey richtig sagt, auch inhaltlich Hegels Definition vom Aufbau des Dramas: »›Der Zahl nach hat jedes Drama am Sachgemäßesten *drei* solcher Akte, von denen der *erste* das Hervortreten der Kollision exponiert, welche sodann im *zweiten* sich lebendig als Aneinanderstoßen der Interessen, als Differenz, Kampf und Verwicklung auftut, bis sie dann endlich im *dritten* auf die Spitze des Widerspruchs getrieben, sich notwendig löst.‹ [...] Im Teil I des Romans kommt es zur Heirat und zum ersten Verliebtsein sowie zur ersten Depression Emmas. Alle Konfliktstoffe [...] sind bereits gegeben. Im Teil II ereignet sich der Ehebruch, das Versagen von Charles bei der Klumpfußoperation und die zunehmende Auseinandersetzung Emmas mit [...] Lheureux. Im Teil III wird die ›Kollision auf die Spitze des Widerspruchs getrieben‹ [...]. Der Dreiteilung entspricht der Wechsel des Orts, welcher im ersten Tostes, im zweiten Yonville, im dritten alternierend Rouen und Yonville ist« (ebd., S. 245).

Hinter dieser ›offiziellen‹ Gliederung von *Madame Bovary* verbirgt sich jedoch noch eine zweite, esoterische. Walther von Wartburg hat sie in einem Aufsatz von 1941 entschlüsselt. Er teilt das Romangeschehen in neun Hauptteile ein:

»1. Studien Charles', die Begründung einer Praxis und seine erste Ehe. (I,1–2)
2. Verheiratung mit Emma. Ihre ersten Monate in Tostes. Der Abend im Schloß Vaubyessard und seine Wirkung. (I,3–9)
3. Übersiedlung nach Yonville; die Periode der ersten [...] Liebe mit Léon. (II,1–6)
4. Begegnung mit Rodolphe. Ihre Liebe [...]. Emma bewahrt noch eine gewisse Zurückhaltung. Vorläufiger Bruch mit Rodolphe. (II,7–10)
5. Operation des Klumpfußes. (II,11)
6. Zweite Periode der Liaison mit Rodolphe. Emma verliert alle Zurückhaltung [...]. Abbruch durch Rodolphes Abreise. Krankheit. (II,12–15)
7. Die Periode der zweiten Liebe mit Léon. (III,1–6)
8. Finanzieller Zusammenbruch; letzte Versuche, sich zu retten. Selbstmord. (III,7–8)
9. Begräbnis. Charles nach Emmas Tod. Sein eigener Tod. (III,9–11)

[...] Wenn wir sie [diese Hauptetappen, Th. D.] in ihrer Abfolge betrachten, ergibt sich bald, daß sie paarweise zusammengehören und sich symmetrisch um den mittleren Teil, den fünften, anordnen: Zunächst 4 und 6, die Liaison mit Rodolphe, vor und nach der Operation des Klumpfußes; dann, jene umschließend, 3 und 7, die Liebe mit Léon, in 3 verhaltener, in 7 hemmungsloser und verheerender als die mit Rodolphe; weiterhin, 2 und 8, die Zeit vor allen Liebesverhältnissen, und die Zeit nach deren rettungslosem Zusammenbruch. Endlich, 1 und 9, Anfang und Ende, sind nur Charles gewidmet. Für sich allein steht einzig der fünfte Teil. Er nimmt fast genau die Mitte des Romans ein [...]. Er ist [...] kompositioneller Kulminationspunkt des Romans.«

Walther von Wartburg: Flaubert als Gestalter. In: Deutsche Vierteljahrsschrift für Literaturwissenschaft und Geistesgeschichte 19 (1941) H. 2. S. 210f.

2. Die Zahl »Zwei«

Unter »die Tricks beim Plan, die Kombination der Wirkungen, jedes unterschwellige Kalkül« (an L. Colet, 25. Juni 1853, S. 719), fällt auch jenes Phänomen in *Madame Bovary*, das Flaubert so fein unter der offensichtlichen Schicht seines Kunstwerks zu verstecken verstand, dass es dem Leser nicht scharf ins Bewusstsein dringt, aber »unterschwellig« seine Lektüre steuert. »Und doch ist das alles Kunst, denn davon hängt die Wirkung des Schreibens ab, und zwar ausschließlich« (ebd.).

Gemeint ist die Organisation der fiktiven Realität nach dem Prinzip des Binären. Mario Vargas Llosa (1980, S. 144–162) hat über die »Binäre Welt« in *Madame Bovary* eine ungemein materialreiche Untersuchung vorgelegt, ohne jedoch deren Existenz im Roman zu begründen.

Die Zahl »Zwei« scheint in *Madame Bovary* allgegenwärtig zu sein. Vargas Llosa hat nachgewiesen, wie sich auf allen Ebenen der fiktiven Realität des Romans (auf der Ebene der Orte, der Gegenstände, der Ereignisse, der Personen) »das Gesetz der Doppelung« (S. 155) zeigt. Seine Ergebnisse sind die Basis der folgenden Textbeispiele – die tatsächlich lediglich eine kleine Auswahl darstellen. Sie sollen zunächst belegen, dass und in welcher Breite und Konsequenz die Zahl »Zwei« auf den verschiedenen Romanebenen anzutreffen ist.

a) Orte

Zwei Dörfer (Tostes und Yonville); zwei Schlösser (La Vaubyessard, La Huchette); zwei Gasthäuser in Yonville (*Der Goldene Löwe, das Café Français*); zwei Bauernhöfe (Les Bertaux, der Hof der Mutter Rollet); zwei Klöster (das in Rouen, das Kloster Ernemont bei Yonville).

b) Gegenstände

Zwei versilberte Leuchter auf dem Kaminsims in Tostes (39); zwei Hochzeitssträuße (der der Witwe Dubuc und Emmas; 40); zwei Geranientöpfe auf dem Fensterbrett in Tostes (42) – Geranien gibt es auch im Yonviller Haus der Bovarys (404); Emma abonniert zwei Frauenzeitschriften (72); vor dem Haus des Notars in Yonville stehen zwei Vasen (87); in Homais' Schaufenster befinden sich zwei Glasgefäße, ein grünes, ein rotes (88); zwei Kattunwimpel vor dem Laden Lheureux' (90); »zwei lange Holzgestelle«, »die mit kleinen Laternen behängt waren« (163) – auf der »Tagung der Landwirte«; Lheureux wünscht sich stattdessen »zwei venezianische Masten« (174); zwei Kerzen vor Emmas Teller (200); zwei Kerzen auf Rodolphes Schreibtisch (251); Lheureux bringt für die geplante Flucht zwei Koffer statt einen (261); zwei Kerzen auf der Kommode des Zimmers im *Roten Kreuz* in Rouen (292); zwei große Muscheln im Zimmer des *Hôtel de Boulogne* (326); zwei Gemälde im Zimmer des Notars von Yonville (372); dort auch zwei silberne Schüsselwärmer (372); er hat zwei Diamantnadeln in seiner Halsbinde (373); zwei Leuchter mit brennenden Kerzen in Emmas Sterbezimmer (400); zwei Kerzen am Kopfende ihres Totenbettes (406); Homais' zwei »Statuetten à la Pompadour« (425); zwei Figuren mit erloschenen Fackeln an Emmas Grabmal (426).

c) Personen

Charles heiratet zwei Frauen; seine erste Frau verheiratet sich ebenfalls zweimal; Bovarys haben zwei Dienstmädchen (erst Nastasie, dann Félicité); im Roman spielen zwei Notare eine Rolle: der der Witwe Dubuc in Ingouville, der Notar Guillaumin in Yonville; Emma hat zwei Liebhaber; zwei tote Mütter kommen vor: Emmas und Rodolphes (210); es gibt zwei Friseure – den in Tostes und den in Rouen; zwei Gerichtsvollzieher gehören zum Romanpersonal: der unsichtbar bleibende in Tostes (52) und Meister Hareng (364); ebenso zwei Pfarrer: derjenige in Charles' Heimatdorf und Bournisien in Yonville; zwei Ammen – Charles' Amme (8) und Mutter Rollet; zwei Lehrer – Monsieur Roger im Gymnasium von Rouen (3 f.), der Schulmeister in Tostes (80); zwei Musikanten: der Dorfmusikant bei Charles' und Emmas Hochzeit (34 f.), der Drehorgelmann in Tostes (80 f.).

d) Ereignisse

Charles heiratet zweimal, Héloïse desgleichen; beide Male stirbt seine Frau – auch Héloïses Ehemänner sterben, wenn auch der zweite nach ihr, und wie sie im Verlauf ihrer zweiten Ehe den Tod findet, so auch Charles, allerdings nach dem Tod Emmas; zwei Begräbnisse werden geschildert bzw. erwähnt – Héloïses und Emmas; Charles behandelt zweimal ein krankes Bein: Vater Rouaults und Hippolytes, wobei beim zweiten Mal ein Unglück geschieht; Hippolyte wird zweimal operiert – beim zweiten Mal verliert er sein Bein; in Yonville kommen Emma und Charles ebenso gegen sechs Uhr abends an wie in Tostes (39; 92/96); in Yonville wiederholen sich für Emma »die schlimmen Tage von Tostes« (153); Emma geht zwei außereheliche Beziehungen ein – die zweite endet mit ihrem Tod; die Liebschaften mit Rodolphe und Léon haben jeweils zwei Phasen – und während die ersten Phasen harmlos verlaufen, münden die zweiten in eine schwere Krankheit (nach Rodolphes Abreise) bzw. in Emmas Tod; unmittelbar nach dem Ende der ersten Beziehung *denkt* Emma suggestiv an einen Selbstmord (254) – im Anschluss an die Auflösung der zweiten führt sie ihn durch; sie geht auf zwei Bälle (La Vaubyessard / Maskenball in Rouen), und nach dem zweiten bekommt sie eine Ohnmacht (360); zweimal kommt Emma mit dem Gift, das bei Homais steht, in Berührung – beim zweiten Mal ist diese Berührung tödlich (306/388); zweimal dreht sich Vater Rouault nach seiner verlorenen Tochter um: das erste Mal nach ihrer Hochzeit – das zweite Mal nach ihrem Tod (38 f. / 419).

Zu registrieren ist nun, dass nicht nur auf der Ebene der Ereignisse das Binäre einen stark negativen Charakter zugewiesen bekommt. Befasst man sich mit der Rubrik der Orte, so stellt man fest, dass das zweite Dorf in Emma Bovarys Dasein, Yonville, der Ort ist, an dem sie sterben wird; das zweite Gasthaus in Yonville, das *Café Français*, geht zugrunde; der zweite Bauernhof, der im Roman eine Rolle spielt, Mutter Rollets Haus, ist im Gegensatz zu Les Bertaux in einem verfallenen Zustand. Fragt man schließlich nach dem Sinn der unendlich vielen Gegenstandspaare in *Madame Bovary*, so lässt sich mit ihnen zwar kaum Unglück assoziieren – gleichwohl repräsentieren sie auf ihre Weise die Negativität, mit der das Doppelte im Roman behaftet ist: da die Dinge in notorischer Symmetrie stehen, werden sie selbst als einzelne abgewertet – kein Ding scheint an und für sich, d. h. allein, als solches, von Bedeutung sein zu können, es benötigt zwanghaft sein Gegenüber, um überhaupt zu existieren. Das Korsett der Symmetrie, in das die Gegenstände gezwängt sind, spiegelt ein bestimmtes bürgerliches Ordnungsgebaren wider, wie es vor allem im großbürgerlichen Haus (»das schönste des Dorfes«) des reichen Notars von Yonville zu beobachten ist: schon vor ihm stehen zwei Vasen, und in den

Räumlichkeiten selbst setzt sich die Zweier-Ordnung konsequent fort, bis hinauf zur Halsbinde des Bürgers, die zwei Diamantnadeln zieren. Dinge, welche ohne ihr widerspiegelndes Gegenüber sind, signalisieren für die Bürger Yonvilles (auch für Emma) offenbar Unordnung – und nicht nur für sie, denn die Symmetrie ist ein signifikantes Merkmal bürgerlichen Interieurs. In der Zweier-Ordnung verschwindet das Individuelle in der Kollektivität, seine »Vermassung« und »Entseelung« (Friedrich, S. 142) sind zu beobachten, und dies Prinzip der Entindividualisierung ist es, welches letztlich alle Verdoppelungen in *Madame Bovary* betrifft.
Wenn die Zahl »Zwei« auf allen Ebenen dominiert, wenn sie (Ereignisse/Orte) Unheil impliziert oder (Gegenstände) »Entseelung« zur Folge hat, so ergibt sich für den Leser, dass er aus dem insgesamt negativ besetzten Bombardement von Verdoppelungen den Schluss zu ziehen hat, dass nur die Zahl »Eins«, d. h. Einmaligkeit und Individualität Sinnmöglichkeiten offerieren.
Dies wäre eine der positiven ästhetischen Erfahrungen, die die Lektüre eines so pessimistischen Buches wie *Madame Bovary* durchaus bereithält.

3. Historischer Rahmen und innere Zeit

Flauberts Arbeit an *Madame Bovary* setzte kurz vor Louis Napoléon Bonapartes Staatsstreich vom 2. Dezember 1851 ein, mit dem dieser seine Amtszeit als Präsident unter Verfassungsbruch auf weitere zehn Jahre verlängerte. Aufstände in Paris und überall im Land wurden blutig niedergeschlagen, und »über dem geknebelten Frankreich rief sich der triumphierende Diktator ein Jahr nach seinem Staatsstreich [...] zum Kaiser aus« (Rita Schober, »Vergangenheit und Gegenwart, Kaiserreich und Dritte Republik in Zolas *Rougon-Macquart*«, Nachwort zu: Émile Zola:

Das Glück der Familie Rougon, München 1974, S. 492). Ein autoritärer Staat erstickte fortan alles, was zu einer Wiederholung der Ereignisse von 1848 hätte führen können.

Zolas *La Fortune des Rougon* hat diese historische Situation zum Roman gemacht – *Madame Bovary* indes spielt de facto in deren Vergangenheit. Doch der Roman verzichtet fast völlig auf zeitgeschichtliche Markierungen, so dass der Leser in produzierter Unklarheit darüber gehalten wird, in welcher historischen Zeit die Romanereignisse wirklich anzusiedeln sind. Es werden (s. Anm. zu 7,2f.), in großem Abstand voneinander, lediglich zwei Jahreszahlen ausdrücklich genannt, die dem aufmerksamen Rezipienten (und ihm allein) als entfernte Anhaltspunkte dienen können: gleich zu Beginn berichtet der Erzähler, der Vater von Charles habe als »ehemaliger Bataillons-Wundarzt« »um 1812 bei Aushebungen Unannehmlichkeiten gehabt« (7); und im ersten Kapitel des Zweiten Teils wird erwähnt, dass nach Yonville »bis zum Jahr 1835« »keine brauchbare Landstraße geführt« habe und man erst zu dieser Zeit einen »Haupt-Gemeindeweg angelegt« habe (86). Einige verstreute und eher marginale Angaben erlauben es zusätzlich, den historischen Rahmen abzustecken: so ist, gleichfalls auf den ersten Seiten des Zweiten Teils, in einem Gespräch zwischen der Wirtin des *Goldenen Löwen* und Homais von einer »patriotischen Poule« »für die Polen oder für die Überschwemmten in Lyon« die Rede (91), so dass es möglich ist, die Romanzeit zu diesem Zeitpunkt auf das Jahr 1840 zu datieren (vgl. Bertl, S. 72, 77). Und Homais' »Bittschrift« an »unsern guten König« (428) zwecks Erlangung des »Kreuzes der Ehrenlegion« am Romanende beweist, dass das Geschehen noch vor dem Jahre 1848 zum Abschluss kommt – zur Zeit *Madame Bovarys* herrscht in Frankreich noch der »Bürgerkönig« Louis-Philippe. Doch diese und andere spärliche historische Fixpunkte (vgl. I) an der Oberfläche des Textes dringen nicht entscheidend in das Bewusstsein des Lesers – eine Wirkung, die Flaubert beabsichtigt. Er hat die Zeitgeschichte deshalb weitgehend ausgespart und im Vagen gelassen, weil sie für die Romanhandlung keine konstitutive Rolle spielt: nicht nur in den vierziger Jahren des 19. Jahrhunderts gibt es das Dorf Yonville-l'Abbaye, ereignet sich das Drama der Bovarys, sondern die *mœurs de province* werden sich nicht ändern, solange die französische bürgerliche Gesellschaft existiert. Der Leser auch des 21. Jahrhunderts – und dies ist der Sinn der verschwommenen »äußeren« Zeit in *Madame Bovary* – hat bei der Lektüre keinen Anlass, zu glauben, er höre von etwas Vergangenem. Flaubert glaubte nicht, ein historisch nur begrenzt gültiges *Sittenbild aus der Provinz*, sondern dessen überzeitliches literarisches Gemälde gegeben zu haben. Ein zweites Moment verursacht die Ausklammerung des Historischen in *Madame Bovary*: Flauberts Überzeugung, dass die Geschichte der bürgerlichen Gesellschaft ahistorisch verläuft, aus einer endlosen Kette ewiger Wiederholungen besteht und selbst ewig existieren wird (vgl. III). Wenn sich nie grundsätzlich etwas verändert, ist es auch überflüssig, spezifische historische Fixierungen vorzunehmen. So endet der einführende, insgesamt im Präsens stehende Abschnitt über Yonville mit folgender Bemerkung: »Seit den Ereignissen, die hier erzählt werden sollen, hat sich in Yonville tatsächlich nichts verändert. Die Blechtrikolore dreht sich noch immer auf der Kirchturmspitze; vor dem Laden des Modewarenhändlers flattern nach wie vor die beiden Kattunwimpel im Wind [...], und noch immer zeigt der alte [...] Löwe über dem Tor des Gasthauses den Vorübergehenden seine Pudelmähne« (89f.).

»Noch heute« zieht Lestiboudois seine Knollen auf dem Dorffriedhof (89), und der Roman endet mit dem klassischen Satz über Homais: »Unlängst hat er das Kreuz der Ehrenlegion bekommen« (431). »Noch immer«, »noch heute«, »unlängst«: zunächst ist damit der Zeitraum der

Niederschrift des Romans gemeint, und dies bedeutet: Alle historischen Ereignisse zwischen 1840 und 1856 (Abschluss des Manuskripts) besitzen letztlich keine Bedeutung; in Yonville (und anderswo) ist die Zeit stehen geblieben bzw. hat sich nur auf gleicher Stufe reproduziert. Die Revolutionen von 1848, die Zweite Republik, der Machtantritt Napoléons III., das Zweite Kaiserreich sind unwesentliche äußere (und äußerliche) Einschnitte, die am wirklichen Leben nichts zu (ver-)ändern vermögen. (So gesehen – und Flaubert sah es so – spielte *Madame Bovary* nicht nur in der Zeit Louis-Philippes, sondern war, versteckt unter der sehr nötigen historischen Maske, gleichzeitig auch ein Roman über (gegen) das eben angefangene Zweite Kaiserreich; ein Grund mehr oder sogar der Hauptgrund, weshalb der Autor vor Gericht kam.) Zum Zweiten heißt das »noch immer« für die Leser aller Zeiten, dass sich bis zum Zeitpunkt ihrer Lektüre des Romans ebenfalls »tatsächlich nichts« in Yonville »verändert« hat.

Trotz des Verzichts auf »äußere Zeit« hat Flaubert in einer nur psychologisch wirkenden Tiefenschicht seines Romans den genauen Zeitraum abgesteckt, in welchem die Geschichte Emmas und Charles' verläuft. Der gesamte Roman (beginnend mit dem Eintritt Charles' ins Rouener Gymnasium bis zum Schlusssatz »unlängst …«) umfasst eine Zeitspanne von etwa dreißig Jahren, d. h. die Zeit von etwa 1828 bis 1856. Eigentlich spielt *Madame Bovary* jedoch nur zwischen ca. 1828 (in diesem Jahr beginnt Charles mutmaßlich seine Schullaufbahn) und 1847, dem Todesjahr Charles'. Das zentrale Geschehen bewegt sich wiederum in einem zeitlichen Rahmen von zehn Jahren; am Dreikönigstag wahrscheinlich des Jahres 1837 hat sich Vater Rouault das Bein gebrochen, am Tag darauf begegnen sich Emma und Charles das erste Mal, und im August 1847 stirbt Charles Bovary.

Zeittabelle zu *Madame Bovary*

Die Zeittabelle stützt sich auf die Angaben von BERTL (1974), der die innere Romanzeit in *Madame Bovary* scharfsinnig ermittelt hat, und auf eigene Recherchen.

Erster Teil

ca. 1812: Heirat von Charles' Eltern.
ca. 1813: Charles wird geboren.
ca. 1820: Emma wird geboren.
ca. 1828: Charles' Schuleintritt. Schule, Studium (jeweils drei Jahre). Examen: 1834/1835.
ca. 1833: Eintritt Emmas ins Kloster.
1836: Charles eröffnet seine erste Praxis in Tostes und heiratet seine erste Frau. Er ist jetzt 23 Jahre alt.
Januar 1837: Charles lernt Emma kennen. – Seine erste Frau Héloïse stirbt im Jahre 1837.
März/April 1838: Emma und Charles heiraten.
Frühling 1838 – September 1838: Erste Zeit in Tostes. (Rückblende: Emmas Jugend – einige Jahre.)
Ende September 1838: Der Ball auf La Vaubyessard.
Ende September 1838 – März 1840: Zeit in Tostes bis zum Umzug nach Yonville. Februar 1840: Vater Rouault bringt seine Truthenne.
März 1840: Emma ist schwanger, Übersiedlung nach Yonville. (Wenn es heißt, Charles verließe Tostes »nach vierjähriger Tätigkeit« ungern (84), ergibt sich der Rückschluss, dass seine erste Heirat und die Eröffnung der ersten Praxis (14) (s. o.) in das Jahr 1836 fallen.)

Zweiter Teil

März 1840: Erste Zeit in Yonville.
April 1841: Berthe wird geboren (109). (Es kann *nicht* der April des Jahres 1840 sein, da von Emmas sichtbarer Schwangerschaft z. B. in Kapitel II des Zweiten Teils nichts zu merken ist; außerdem ergeben in der Tat

»Rückschlüsse aus den Einzelheiten der Folgezeit [...], daß zwischen der Ankunft in Yonville und dieser Geburt über ein Jahr vergangen ist«; Bertl, S. 78.) Berthes Geburt im April 1841 (April muss es sein, da nur um diese Zeit um sechs Uhr morgens die Sonne aufgeht; 109) bedeutet aber eine leichte Unstimmigkeit im Text: Emma müsste dann über ein Jahr schwanger gewesen sein.

Frühsommertag 1841: Emma besucht mit Léon ihr Kind bei der Amme, seit dessen Geburt noch keine sechs Wochen vergangen sind (113).

Februartag 1842: Besuch der Flachsspinnerei bei Yonville.

Mai 1842: Léons Abreise aus Yonville nach Paris.

Julitag 1842: »Tagung der Landwirte« in Yonville.

Mitte September 1842: Sechs Wochen danach erscheint Boulanger wieder im Haus Bovary (192).

Anfang Oktober 1842: Verführung Emmas durch ihn.

Oktober 1842 – Frühjahr 1843: Emma und Rodolphe leben in eheähnlichem Zustand.

2. September 1843: Emma und Rodolphe begegnen sich zum (vor)letzten Mal.

4. September 1843 – Juni 1844: Emmas Krankheit und Genesung.

Tag im Juni 1844: Fahrt des Ehepaars Bovary zum Theaterbesuch nach Rouen.

Dritter Teil

Einschub/Rückblende: Léons zwei Jahre in Paris; die Aussage des Textes, dass er Emma drei Jahre nicht gesehen habe (285), scheint nicht den »Tatsachen« zu entsprechen, da er Yonville offenbar im Mai 1842 verließ.

Abend im Juni 1844: Léon und Emma treffen sich in Rouen. – Der nächste Tag: Tag der »Kutschenfahrt« durch Rouen.

Sommer 1844: Drei Tage mit Léon in Rouen. – Beginn der »Donnerstage« in Rouen.

20. März 1845: Emma und Léon treffen vor ihrem Hotel in Rouen auf Lheureux – Bertl hat dieses Datum aus den datierten Wechseln Lheureux' ermittelt.

Frühjahr 1846: Emma geht an Mittfasten (19. März, »le jour de la mi-carême«) auf einen Maskenball in Rouen (vgl. Anm. zu 393,25).

20. März 1846: Tag nach dem Maskenball (Freitag).

21. März 1846 (Samstag): Die Pfändung im Haus Bovary.

22. März 1846 (Sonntag): Emma fährt auf der Suche nach Geld nach Rouen und zu Léon und kehrt zurück.

23. März 1846 (Montag): Vergebliche Bittgänge, zuletzt zu Boulanger. Gifteinnahme (vgl. Anm. zu 352,37–353,2) bei Homais; nach Hause; Erbrechen um acht Uhr; die Nacht vergeht; Dr. Larivière kommt vermutlich gegen Morgen (395).

24. März 1846 (Dienstag): Emmas Todestag. Dr. Larivière isst mittags bei Homais; Emmas Tod tritt am Nachmittag ein. Um sechs Uhr hört Charles die *Schwalbe*; die Totenwache beginnt. – An einem Dienstag des Jahres 1840 gegen sechs Uhr kam das Ehepaar Bovary in Yonville an – einen Tag vor dem Yonviller Markttag (90; vgl. Anm. zu 156,6f.).

26. März 1846 (Donnerstag): Am Tag ihrer erotischen Abenteuer mit Léon Dupuis wird Emma Bovary in Yonville begraben. Sie ist vielleicht 26 Jahre alt.

März 1846 – August 1847: Charles' Leben nach Emmas Tod; er trifft Rodolphe und stirbt am nächsten Tag. Er ist etwa 34 Jahre alt.

August 1847–1856 (Ende der Roman-Schreibzeit): »Unlängst« hat Homais das Kreuz der Ehrenlegion erhalten.

V. Dokumente zur zeitgenössischen Rezeption

Der Bovary-Prozess Anfang 1857 – »ein Prozeß, der eine riesige Reklame für mich war und dem ich zwei Drittel meines Erfolges zuschreibe« (*Briefwechsel mit Guy de Maupassant* [Offener Brief], 19. [16.] Februar 1880, S. 223) – sicherte den reinen Publikums-Erfolg von *Madame Bovary* auf Anhieb und machte den Roman schnell zu einem Bestseller. »In den ersten zwei Monaten wurden 15000 Exemplare verkauft (was in den Vereinigten Staaten heute rund 150000 Exemplaren entspräche)« (du Plessix Gray, S. 359). Dies konnte nicht das Geringste daran ändern, dass die offizielle Literaturkritik auf Flauberts Erstling mehrheitlich negativ reagierte. Man verglich z. B. das Buch mit einem Misthaufen und sprach von unerträglichem Unrat. Und wie in Folge bei fast allen seinen Werken (am krassesten traf dies auf die zweite *Éducation* zu) ging diese Reaktion zuallererst darauf zurück, dass man den Roman überhaupt nicht begriff, besser: dass man seinen Gehalt gar nicht erfasste.

Flaubert, der die Literaturkritik und noch mehr die Kaste der Kritiker im Allgemeinen verachtete, stand zumeist über den Verrissen und auch Beleidigungen, die ihm die professionellen Beurteiler noch bei so gut wie jedem neuen Werk zuteil werden ließen. »Je besser ein Werk ist, desto eher weckt es Kritik. Das ist wie mit den Flöhen, die sich auf die weiße Wäsche stürzen«, meinte er, vielleicht vorausschauend, schon während der Arbeit an *Madame Bovary* gegenüber Louise Colet (an L. Colet, 1. Juni 1853, S. 690). Und: »Die Kritik rangiert in der Literatur auf dem untersten Platz, beinahe immer als Form und unbestreitbar als *moralischer Wert*. Sie kommt noch nach dem Schüttelreim und dem Akrostichon, die immerhin irgendeine Erfindungstätigkeit erfordern« (ebd., 28. Juni 1853, S. 728). Oder: »O ihr Kritiker! ewige Mittelmäßigkeit, die auf Kosten des Genies lebt, um es herabzuwürdigen oder auszubeuten! Sippschaft von Maikäfern, die die schönen Blätter der Kunst zerfressen!« (ebd., 2. Juli 1853, S. 733). Und: »Was ist die Kritik für eine armselige Beschäftigung [...]! Aber es tut so wohl, den Lehrmeister zu spielen, die anderen zurechtzuweisen, den Leuten ihr Handwerk beizubringen! die Manie des Herabsetzens, die die moralische Lepra unserer Zeit ist, hat diese Neigung beim Volk der Schreiber seltsam begünstigt. Die Mittelmäßigkeit sättigt sich an dieser leichten täglichen Kost, die unter seriösem Äußeren die Leere verbirgt. Es ist wahrhaftig leichter zu diskutieren als zu begreifen, und über die Kunst, die Idee des Schönen, das Ideal etc. zu schwatzen, als das geringste Sonett oder den einfachsten Satz zu schreiben« (ebd., 15./16. Mai 1852, S. 424). Er behielt diese überlegene Haltung zeitlebens bei, obgleich er spätestens bei der (auch bei der privaten Leserschaft) armseligen Aufnahme der *Éducation sentimentale* 1869 klare Zeichen von Resignation, Verstörtheit und Überdruss erkennen ließ.

Bei *Madame Bovary* stand er noch über den Dingen, auch etwa über der rüden Vernichtung durch den *Figaro* (vgl. VI). »Flaubert verfolgte die negativen Besprechungen ebenso aufmerksam wie die positiven [...], beklagte aber [...], daß die Kritiker ihre Aufgabe nicht erfüllen würden, denn man könne noch sehr viel mehr gegen sein Buch sagen« (Lottman, S. 194 f.).

Überdies entschädigte ihn ja die Publikumsbegeisterung für das Tun der ›Maikäfer-Sippschaft‹ in diesem Fall. Dabei hatte er mit ihr keineswegs gerechnet, weil seiner Ansicht nach das zeitgenössische Publikum viel eher die Helden Balzacs liebte als »Werther«-Naturen (wie in gewisser Weise Emma Bovary). »Die verkommenen Helden Balzacs haben, glaube ich, nicht wenigen Leuten den Kopf verdreht. Die kümmerliche Generation, die zur Zeit in Paris aufgeregt Macht und Renommee umkreist, hat aus solchen Lesestoffen die hirnlose Bewunderung einer gewis-

sen bourgeoisen Sittenlosigkeit geschöpft, der sie mit aller Kraft nacheifert. [...] Nicht Werther möchte man mehr sein, oder Saint-Preux, sondern Rastignac oder Lucien Rubempré« (an L. Colet, 26. September 1853, S. 820).
Ein typisches Kritikerurteil über *Madame Bovary* war das des Journalisten und Romanciers EDMUND DURANTY, der am 15. März 1857 in seiner Zeitung *Le Réalisme* schrieb: »Es gibt weder Rührung noch Gefühl noch Leben in diesem Roman ... Der Stil kommt holprig daher ... Mir scheint, es ist nicht nötig, überhaupt auf den Ansatz des Romans einzugehen, dem vorher genannte Mängel jedes Interesse nehmen« (zit. nach: *Briefwechsel mit Guy de Maupassant*, Anm. 4, S. 252).
Ungefähr in diese Kerbe hieb JULES BARBEY D'AUREVILLY, ein katholischer Kritiker und Schriftsteller und bald regelrechter Flaubert-Hasser, der alle seine Werke mit zunehmender Wut und konstanter Inkompetenz verriss. Für *Madame Bovary* hatte er im Oktober 1857 in *Le Pays* noch vergleichsweise viel übrig. Doch trotz einer gewissen notgedrungenen Anerkennung, welche er dem Roman zollte, verwarf er ihn letzten Endes, obwohl er Flaubert »Talent« bescheinigte. Groteske Fehler sachlicher und interpretatorischer Art wechselten in dieser Kritik mit richtigen Bemerkungen und albernen Vorwürfen:

»*Madame Bovary* von Gustave Flaubert hat einen raschen und glänzenden Erfolg gehabt, und er ist noch nicht zu Ende. Auf seinem Glücksweg hat dem Buch nichts gefehlt: nicht die Prise Skandal, worin in Frankreich die Würze eines Buches liegt, noch das erregende Interesse, das ein Prozeß hervorruft. Bis dahin unbekannt und ohne daß andere literarische Werke vorausgegangen wären, fand sich der Autor plötzlich berühmt. Man kann nicht sagen, er hätte mit einem einzigen Schlag die beunruhigende Wolke, das irgendwie Unangemessene und Undurchsichtige durchdrungen, das manchmal die größten Talente so lange Zeit vom Ruhm trennt; denn sein Name trat bereits in dem Maße aus der Dunkelheit hervor und stieg zum Lichte auf, in dem die Kapitel seines Buches, die zunächst in einer Zeitschrift gedruckt wurden, dem Publikum vor Augen kamen. [...]

Es ist [...] ein Buch ohne Zärtlichkeit, ohne Idealität, ohne Poesie, und ich möchte fast sagen ohne Seele, wenn die Intelligenz nicht Teil der menschlichen Seele wäre und nicht ihre stolzere Hälfte bildete. *Madame Bovary* von Gustave Flaubert ist kein Roman wie *Caleb William*, *Robinson Crusoe* und *Arthur Gordon Pym*, in denen die bis zum Äußersten gesteigerte Kraft der männlichsten Leidenschaften mit der Schicksalhaftigkeit der Ereignisse oder der Natur im Kampf liegt. Um dergleichen Romane zu schreiben, genügt die Intelligenz, wenn sie kraftvoll ist.

Doch *Madame Bovary* ist ein Sittenroman, und zwar ein Roman der gegenwärtigen Sitten, und wenn auch die Empfindung sich darin durch eine entsetzliche Verderbtheit erniedrigt zeigt, die eine schwache Seele überfällt und schließlich verfaulen läßt, es geht um das Herz einer Frau, und die Einbildungskraft erwartet etwas anderes als die Hand eines ungerührten und kühnen Chirurgen, die an die Dupuytrens erinnert, der bei einer seiner erstaunlichsten Operationen das Herz eines Polen untersuchte.

Gustave Flaubert ist zweifellos ein Moralist, da er Sittenromane schreibt, doch ist er es so wenig wie nur möglich, denn die Moralisten spüren irgendwo – im Herzen oder im Geist – die Rückwirkung dessen, was sie schreiben, und ihr Urteil herrscht über ihre Empfindungen. Gustave Flaubert dagegen hat keine Empfindungen [...]. Wenn man in Birmingham oder Manchester Erzähl- oder Analysiermaschinen aus gutem englischen Stahl konstruierte, die von ganz allein nach unbekannten dynamischen Verfahren funktionierten, würden sie so funktionieren wie Gustave Flaubert. Man würde bei diesen Maschinen ebenso viel Leben, Seele, menschliche Eingeweide spüren wie in dem

Menschen aus Marmor, der *Madame Bovary* mit einer steinernen Feder – gleich dem Messer der Wilden – geschrieben hat.
Ganz sicher ist Gustave Flaubert zu intelligent, um nicht feste Vorstellungen von Gut und Böse zu haben, doch macht er sie so wenig geltend, daß man zu glauben geneigt ist, er habe keine. [...] Die Madame Bovary des Romans ermangelt des mütterlichen Gefühls, und das ist einer der Wesenszüge ihres Typus. [...]
[...] dieser Mangel affiziert das Ganze und die Grundlage des Buches selbst – weil diese Dürftigkeit der Sensibilität, der Einbildungskraft und, wie ich noch weiter sagen würde, des Sinns für Moral und Poesie sich auf jeder Seite wiederfindet und das gesamte Werk Gustave Flauberts mit einer entsetzlichen Gefühllosigkeit schlägt. [...] So bietet das Werk zum Beispiel, wenn es sich um die religiöse Erziehung seiner Madame Bovary handelt, nur eine trostlose Dürre, trotz der Lebhaftigkeit des Schmerzes und trotz des Stils. Das Interesse, mit dem man sich der Lektüre hingibt, ist ein Interesse einer brennenden und bald befriedigten Neugier; doch für den Zauber, den ein Buch in die träumende Erinnerung zurückkehren läßt, für den Zauber, der das Besondere der Kunst selbst bei ihren furchtbarsten Kompositionen ausmacht, verfügt der talentierte Mann, der *Madame Bovary* geschrieben hat, nicht über die letzte Hexenmeisterfertigkeit.«

Jules Barbey d'Aurevilly (1857). Aus dem Frz. von Helmut Scheffel. In: Gustave Flaubert: *Madame Bovary. Sitten der Provinz*. Aus dem Frz. von Irene Bitterli-Riesen, Helmut Scheffel und René Schickele. [Im Anhang:] Drei zeitgenössische Stimmen. Zürich: Diogenes, 1979 [u. ö.]. S. 426–429. – © 1979, 2005 Diogenes Verlag AG, Zürich.

Unter den wenigen wohlmeinenden Rezensionen war auch diejenige von Charles Baudelaire vom 18. Oktober 1857 in *L'Artiste*. Baudelaires (er wurde am 20. August 1857 aufgrund der Veröffentlichung seines Gedichtzyklus *Les fleurs du mal* von derselben Pariser Strafkammer angeklagt, die Flaubert belangt hatte, und auch die Punkte der Anklage ähnelten einander) bis heute hochgerühmte Besprechung ist nicht unproblematisch. Sie verliert sich streckenweise in Substanzlosigkeit, übernimmt außerdem die gängige Fehleinschätzung Charles Bovarys, »dessen absoluter Mangel an Genie« ihn als den üblichen Dummkopf ausweist, und verfällt andererseits in sehr fragwürdige, schwärmerische Parteinahme für Emma, dieser ›empfindsamen‹, ›wirklichen Heldin‹ mit ihrer ›unstillbaren Sehnsucht nach einer höheren Welt‹, die hervorsticht durch »die ganz und gar männliche Eigenschaft ihres Blutes«:

»Die Klosterschwestern haben bei dem jungen Mädchen eine erstaunliche Befähigung zum Leben, eine Begabung vom Leben zu profitieren, sich dessen Freuden vorzustellen, bemerkt – da zeigt sich der aktiv tätige Mann! [...] Alles in allem ist diese Frau wirklich groß, vor allem aber ist sie bedauernswert, und trotz der konsequenten Härte des Autors [...] werden ihm alle intellektuellen Frauen dafür dankbar sein, daß er das Weib zu einer solchen Stärke erhoben hat, die vom reinen Tier so weit entfernt und dem idealen Menschen so nahe ist, daß er es des Doppelcharakters von Berechnung und Träumerei teilhaftig werden läßt, der das vollkommen menschliche Wesen ausmacht.«

Charles Baudelaire (1857). Aus dem Frz. von Helmut Scheffel. In: Ebd. S. 447. –

Und doch erkannte Baudelaire sofort Flauberts erstmals in diesem Roman realisiertes, auf den Dogmen »impersonnalité«, »impassibilité«, »impartialité« beruhendes ästhetisches Programm. (»Der Künstler muß in seinem Werk wie Gott in der Schöpfung sein, unsichtbar und allmächtig; man soll ihn überall spüren, ihn aber nirgends sehen«; an Mlle Leroyer de Chantepie, 18. März 1857; *Briefe*, S. 366).

»Mehrere Kritiker haben gesagt: dies Werk, das durch die Genauigkeit und Lebendigkeit der Beschreibungen wirklich schön ist, enthält keine einzige Person, die die Moral repräsentiert, die als das Gewissen des Autors spricht. Wo ist die sprichwörtliche und legendäre Person, die beauftragt ist, die Handlung zu erklären und das Denken des Lesers zu leiten? Mit anderen Worten: wo ist die Anklage? Eine Absurdität! [...] Ein wahres Kunstwerk braucht keine explizite Anklage. Die Logik des Werkes genügt allen Forderungen der Moral; es ist Sache des Lesers, Folgerungen aus dem Schluß zu ziehen.«

Ebd. S. 445. –

Die inhaltsreichste, einfühlendste, wenngleich (der Figur Emmas gegenüber) nicht unanfechtbare Rezension aus dem Erscheinungsjahr des Romans, datiert vom 4. Mai 1857, wurde verfasst von CHARLES-AUGUSTIN SAINTE-BEUVE (1804–69), dem französischen Kritikerpapst des 19. Jahrhunderts und Begründer der »Montagsdîners« im Pariser Restaurant Magny, wo sich Flaubert, George Sand, Iwan Turgenjew, die Goncourts und andere Literaturgrößen ab den 60er Jahren regelmäßig trafen:

»*Madame Bovary* ist [...] ein ausgewogenes und bedachtes Buch, darin alles zusammenhält, nichts einem Zufall überlassen ist [...].
Der Autor dieser *Madame Bovary* hat in der Provinz gelebt, auf dem Land, im Dorf und in der kleinen Stadt [...]. Und was hat er geschaut? Nichtigkeit, Jämmerlichkeit, Anmaßung, Dummheit, Gewitztheit, Eintönigkeit, Langeweile: davon erzählt er uns. [...]

Die wichtigste Gestalt neben Madame Bovary ist Monsieur Bovary. Charles Bovary […] erscheint uns seit seiner Schulzeit als ein ordentlicher junger Mensch, fügsam, aber ungeschickt, […] geboren, um zu gehorchen, Schritt für Schritt den gebahnten Weg zu gehen und sich führen zu lassen. Der Vater war zuvor Hilfschirurg in der Armee, und nicht im besten Ruf, aber der Sohn hat nichts von seinem Leichtsinn und seinen Lastern. Die Ersparnisse seiner Mutter haben es ihm ermöglicht, sich in Rouen schlecht und recht durchzustudieren, und so ist er Amtsarzt geworden. Nicht ohne Mühe graduiert, hat er jetzt nur noch den Ort seiner Wirksamkeit zu wählen. Er entscheidet sich für Tostes, einen kleinen Ort nicht weit von Dieppe; man verheiratet ihn mit einer Witwe, die viel älter ist als er und eine mäßige Rente haben soll. Er läßt es geschehen, und es fällt ihm nicht einmal ein zu bemerken, daß er nicht glücklich ist.

Eines Nachts wird er unversehens auf einen Hof geholt, gute sechs Meilen weit, um dem alten Rouault ein gebrochenes Bein einzurenken, einem behäbigen verwitweten Landmann, der mit seiner einzigen Tochter zusammen haust. […]

Die erste Madame Bovary stirbt, und Mademoiselle Emma wird die zweite und einzige Madame Bovary. […]

So ist also Emma Madame Bovary geworden, daheim in dem Häuschen von Tostes mit seinen engen Räumen und mit einem Gärtchen, das eher tief als breit ist und nach den Feldern zu liegt. Alsbald bringt sie Ordnung hinein, Sauberkeit, einen Schein von Eleganz; der Mann, der nur daran denkt, ihr etwas Liebes zu tun, kauft einen gerade erreichbaren Kutschierwagen, damit sie nach Belieben auf der Landstraße oder in die Umgebung hinaus fahren könne. Und er ist, zum ersten Mal in seinem Leben, glücklich, er merkt's; tagsüber mit seinen Kranken beschäftigt, findet er, wenn er heimkommt, Frieden und süßen Rausch; er ist in seine Frau verliebt. Er wünscht sich nichts mehr, als daß dieses bürgerlich-ruhige Glück dauere. Aber sie, die

Besseres erträumte und sich in der Mädchenlangeweile mehr als einmal gefragt hat, wie man es anstellen müßte, um glücklich zu sein, sie merkt rasch genug, und seit den Flitterwochen, daß sie es nicht ist.
Hier beginnt eine tiefgründige, feine, gedrängte Analyse; ein grausames Sezieren hebt an und hört nicht mehr auf; wir dringen in das Herz der Madame Bovary. [...] sie versteht es nicht, sich ganz still zu fügen, ohne sich etwas merken zu lassen [...].
[...] und sie sucht in sich und ringsum. In sich: aber sie hat einen schweren Fehler, sie hat nicht viel Herz; ihre Phantasie hat frühzeitig alles eingenommen, alles erfüllt. [...]
Zuletzt langt eine Art Krankheit nach ihr, die man als Krankheit der Nerven betrachtet: sie gleicht dem Heimweh, Heimweh eben nach dem Ungelebten. Charles, immerzu blind und immer voll Hingebung, versucht alles, um sie zu heilen, und es fällt ihm nichts besseres ein als sie andere Luft atmen zu lassen, also Tostes und die Praxis, die er allmählich bekam, aufzugeben und nun in einem andern Winkel der Normandie zu wohnen, im Bezirk Neufchâtel in einem stattlichen Ort namens Yonville-l'Abbaye.«

Charles-Augustin Sainte-Beuve (1857). Aus dem Frz. von Paul Stefan. In: Ebd. S. 410–418. –

»Es ergibt sich eine rührende Szene, die fast schon weh tut. Bovary kommt des Nachts von seinen Krankenbesuchen und träumt an der Wiege des Töchterchens (der Gute hat keine Ahnung) von allem Glück, das er sich für dieses Kind verspricht, für die Zukunft seiner kleinen Berthe; und nebenan träumt seine Frau, die sich schlafend stellt, für den nächsten Tag nur von Entführung in vierspännigem Postwagen, von romanhaftem Glück, von eingebildeten Reisen, von Orient, Granada, Alhambra und so weiter. Dieser zwiefache Traum, so nahe aneinander und so endlos aneinander vorbei, hier der getäuschte Vater, der

nur an reinen, süßen Frieden daheim denkt, dort die schon wild fortgerissene Ehebrecherin, die alles zerstören möchte, er ist von der Hand eines Künstlers, der ein Motiv, das er einmal hält, voll zur Geltung bringt.
[...] sie aber, eine Beute unedler Gewalten, innerlich zerfallen und ohne Wissen ihres Mannes in Schulden geraten, weiß eines Tags nicht mehr aus noch ein und sieht sich sogar von Pfändung bedroht. [...]
Das schreckliche Ende der Madame Bovary, ihre Strafe, wenn man es so nennen will, ihr Tod, das alles wird unbarmherzig bis ins kleinste ausgebreitet und vorgeführt. [...] Das Ende des Monsieur Bovary folgt bald, es ist rührend und bringt uns dem trefflichen, lieben Menschen nahe. [...] In seinem Schmerz über den Verlust der Frau, über deren Fehler er sich hinweggetäuscht hat, solang es ihm möglich war, sieht Bovary immer noch alles in Beziehung zu ihr. Um diese Zeit erhält er die Anzeige von Léons Vermählung. ›Oh‹, ruft er aus, ›wie hätte sich meine arme Frau darüber gefreut!‹ Bald darauf findet er aufgeschichtet die Briefe von Léon wie von Rodolphe, verzeiht alles, liebt immer noch die Undankbar-Unwürdige, die er verlor, und stirbt an seinem Schmerz.«

Ebd. S. 421–423.

»[...] an so manchen Orten und in verschiedenen Gestaltungen glaube ich die Zeichen neuer Literatur wahrzunehmen: Wissen, Sinn für Beobachtung, Reife, Kraft und ein wenig Härte. Das sind die Besonderheiten, nach denen die Anführer der neuen Generation zu streben scheinen. Sohn und Bruder von angesehenen Ärzten, führt Monsieur Gustave Flaubert die Feder wie andere das Skalpell.«

Ebd. S. 424 f.[3] –

3 Die Rezension erschien zuerst im *Moniteur* vom 4. Mai 1857. Der Diogenes-Verlag gibt »Zuerst im ›Lundi‹ vom 4. Mai 1857« an. Eine Zeitschrift/

Im Verlauf des 19. Jahrhunderts nahm die Wertschätzung von *Madame Bovary* kontinuierlich zu. Kein schlechtes Beispiel dafür war auch Flauberts Freund Iwan Turgenjew. So berichtet dessen Freund Ludwig Pietsch in seinen *Erinnerungen an Turgenjew* bezüglich Flauberts: »1864 schrieb der Freund mir in ein Exemplar von dessen erstem Meisterwerk *Madame Bovary*, das er mir in Baden schenkte, die bezeichnenden Worte: ›Der einzige gute Roman der französischen Literatur‹« (Ludwig Pietsch, »Erinnerungen an Iwan Turgenev«, in: Flaubert/Turgenjew, *Briefwechsel 1863–1880*, Anm. zum 2. Brief, S. 260).

George Sand, seit ihrer begeisterten *Salammbô*-Besprechung gütig-kluge Vertraute Flauberts, würdigte den Roman kaum weniger. Obgleich sich vor allem in einem späteren Brief zeigte, dass sie ihn eher missverstanden hatte (vgl. VI), lieferte sie Flaubert 1866 eine Kurzbesprechung, die seinen Gehalt sehr gut auf den Punkt brachte: »Und dabei verfaßt man *Bovarys*, wo das Leben bis in die verborgensten Winkel hinein ausgeforscht und meisterlich geschildert ist« (Flaubert/Sand, *Eine Freundschaft in Briefen*, 21. September 1866, S. 68), wobei sie Flauberts Talente anders ausgeschöpft sehen wollte und sich so etwas wie eine Symbiose von *Salammbô* und *Madame Bovary* von ihrem Freund wünschte, wie sie Flaubert anlässlich seiner Arbeit an *Bouvard et Pécuchet* 1874 zu verstehen gab. In diesem Brief gab sie folgende Einschätzung seiner schriftstellerischen Natur und seines Gesamtwerkes:

»Nach allem, was Du mir über das Sujet gesagt hast, fürchte ich, daß auch das wieder allzu wahr, allzu gut beobachtet und allzu gut wiedergegeben sein könnte. Dies sind Deine hervorstechenden Eigenschaften; Du hast aber

Zeitung namens »Lundi« gab es nie. Höchstens gab es Sainte-Beuves »Montage« und seine *Causeries du Lundi*, in welche auch die *Madame Bovary*-Rezension aufgenommen wurde.

auch andere, die Einbildungskraft, die Fähigkeit zu großen visionären Entwürfen, zu echter Kraftentfaltung, und die sind weitaus höher einzustufen. Du hast, wie mir auffällt, mal die einen, mal die anderen eingesetzt und durch diesen außergewöhnlichen Kontrast das Publikum verblüfft. Angebracht wäre aber, das Reale und das Poetische [...] zu vermischen. Ist vollendete Kunst nicht gerade die Mischung dieser zwei Darstellungsweisen? Du hast zwei Sorten Publikum, eines für *Madame Bovary*, eines für *Salammbô*. Sperre sie doch zusammen in einen Saal und zwinge sie zu Wohlbehagen, die einen wie die anderen.«

Brief vom 3. April 1874. Aus dem Frz. von Annette Lallemand. In: Gustave Flaubert/George Sand: Eine Freundschaft in Briefen. Hrsg. und erl. von Alphonse Jacobs. München: C. H. Beck, 1992. S. 455 f. –

Flauberts »Schüler« Guy de Maupassant, dessen Roman *Une vie* (1883) eine Art literarischer Reminiszenz an *Madame Bovary* darstellte, war einer der enthusiastischsten Befürworter des Romans im 19. Jahrhundert:

»Ein junger Mann, begabt mit dichterischem Temperament, mit Klassikern großgeworden, so verliebt in die Schreibkunst, den Stil und den Rhythmus der Sätze, daß keine andere Liebe mehr in seinem Herzen war, und überdies gerüstet mit dem wunderbaren Blick des Beobachters, dem Blick, der das Ganze und das Einzelne, die Formen und die Farben zugleich wahrnimmt, der die geheimen Absichten zu erahnen vermag und dabei noch den künstlerischen Wert des Tuns und Treibens beurteilt, dieser junge Mann bereicherte nun die Geschichte der französischen Literatur mit einem Buch von unerbittlicher Richtigkeit und unfehlbarer Ausführung, *Madame Bovary*.

George Sand
Gemälde von Auguste Charpentier (1838)

Es ist Gustave Flaubert, dem wir die Verbindung von Stil und moderner Sehweise verdanken.«

Guy de Maupassant: Die Entwicklung des Romans im XIX. Jahrhundert (1889). In: Gustave Flaubert: Briefwechsel mit Guy de Maupassant. Aus dem Frz. und mit Anm. von Cornelia Hasting. Zürich: Haffmans, 1997. S. 394. –

»Als *Madame Bovary* erschien, hat das Publikum, das an den dicken Sirup der Gesellschaftsromane, sowie die unglaubwürdigen Abenteuer der Erlebnisromane gewöhnt war, den neuen Schriftsteller den Realisten zugeordnet. Das ist ein schwerer Irrtum und eine unerträgliche Dummheit. [...]
Es genügt, *Madame Bovary* mit Verstand zu lesen, um zu begreifen, daß nichts dem Realismus ferner liegt. [...]
In *Madame Bovary* ist jede Gestalt ein Typus, das heißt das Resümee einer Reihe von Menschen, die dieselbe Geistesverfassung haben.
Der Landarzt, die verträumte Provinzlerin, der Apotheker, eine Art Philister, der Pfarrer, die Liebenden und selbst alle Nebenfiguren sind Typen, die ein um so klareres Profil haben, als in ihnen Unmengen von Beobachtungen gleicher Art konzentriert wurden, die um so glaubwürdiger sind, als sie das Musterstück ihrer Gattung darstellen.
Gustave Flaubert war jedoch in der Blütezeit der Romantik aufgewachsen; er war großgeworden mit den klangvollen Sätzen Chateaubriands und Victor Hugos und trug in der Seele ein dichterisches Bedürfnis, das sich in Präzisionsbüchern wie *Madame Bovary* nicht entfalten konnte.«

Guy de Maupassant: Gustave Flaubert (1884). In: Ebd. S. 339–342. –

Schließlich stufte auch ÉMILE ZOLA, im weiteren Sinne ebenfalls zur »Schule« Flauberts zählend, in seiner Studie über den naturalistischen Roman *Madame Bovary* so ein: »Das Erscheinen der ›Madame Bovary‹ verursachte eine vollständige literarische Bewegung. Die Formel des modernen Romans [...] trat in den vierhundert Seiten eines einzigen Buches plötzlich mit klarster Deutlichkeit hervor« (Émile Zola, *Der naturalistische Roman in Frankreich*, Stuttgart 1893 [frz.: *Les Romanciers naturalistes*, Paris 1881], S. 152).
Und JULES DE GAULTIERS Buch mit dem fast sprichwörtlich gewordenen Titel *Le Bovarysme* von 1892, das zu Recht Emma Bovarys positivste und ungewöhnlichste Eigenschaft darin erblickte, sich vorstellen zu können, was *nicht* ist (»Cette faculté est *le pouvoir départi à l'homme de se concevoir autre qu'il n'est*« (zit. nach: *M. B.* Neefs, S. 549), beförderte Flauberts Debüt-Roman unwiderruflich in die Hall of Fame der Weltliteratur.

VI. Texte zur Diskussion

»Ich selbst finde, daß ich sehr moralisch bin und daß ich den Montyon-Preis verdient habe, denn aus dem Roman ergibt sich eine sehr klare Belehrung [...]. Ich gestehe Dir im übrigen, daß mir das alles vollkommen gleichgültig ist. Die Moral der Kunst besteht in ihrer Schönheit, und ich schätze über allem zunächst den Stil, dann die Wahrheit« (an Louis Bonenfant, 12. Dezember 1856; *Briefe*, S. 351 f.).
Die Diskussionsgeschichte der *Madame Bovary* (auch die deutsche) von den Anfängen bis heute ist eine der modischen Variationen und zeitgeistigen Abhängigkeiten – wobei sich dieser Prozess hauptsächlich an der moralisch-ideologischen Wertung der Figur Emma Bovary sowie der Figur Charles Bovary ablesen lässt. Es existieren zwei Hauptschemen der Interpretation – zwei Extreme, zwischen denen sich das nicht besonders weite Feld der Deutungen bewegt.
Auf der einen Seite wurde der Roman in erster Linie als die Geschichte einer ungehorsamen Ehefrau gelesen, die es an der nötigen vernünftigen Einordnung in die Abläufe und Normen bürgerlicher Gesellschaft hat fehlen lassen, besser in ›guter Ehe‹ mit ihrem ›braven Mann‹ gelebt hätte und für ihren ›zügellosen Ausbruch‹ zu Recht ›bestraft‹ worden ist. Tendenziell ging auch SAINTE-BEUVES Rezension bereits in diese Richtung bürgerlicher Auslegung (»sie versteht es nicht, sich ganz still zu fügen«), und sonderbarerweise schien auch die kritische GEORGE SAND (deren Sichtweise der *Éducation sentimentale* immer noch durch ihre seltene Wahrheit besticht) diese konservative Fehlrichtung der Interpretation zu vertreten, wenn sie Flaubert den angeblichen »moralischen und beherzigenswerten Sinn« seines Romans unterschob:

»Den von *Madame Bovary* hat man erkannt. Wenn ein Teil der Leserschaft Skandal rief, dann hat der gesündere und weitaus größere Teil darin doch eine harte und durchgreifende Lektion für die gewissen- und glaubenslose Frau [...] gesehen. Man bedauerte sie, das wollte die Kunst; doch die Lektion war deutlich und wäre noch eindeutiger gewesen, wenn sie auf *alle* so gewirkt hätte, wenn Du es nur gewollt und Deine Meinung sowie die beabsichtigte Einstellung zur Heldin, zu ihrem Gatten und ihren Liebhabern, deutlicher gezeigt hättest.«

Brief vom 12. Januar 1876. Aus dem Frz. von Annette Lallemand. In: Gustave Flaubert / George Sand: Eine Freundschaft in Briefen. Hrsg. und erl. von Alphonse Jacobs. München: C. H. Beck, 1992. S. 512. –

Dabei ließ sich George Sand von Flauberts offenbar fehlendem ›Willen‹ und seiner mangelnden ›Deutlichkeit‹ nicht weiter beirren. Diese Sicht, die Flaubert ohne Weiteres unterstellt, er habe Emma mit ihrem furchtbaren Ende die gerechte Strafe dafür erteilen wollen, dass sie infolge ihrer unbürgerlichen Ideen »für das Leben unbrauchbar« geworden ist (Hauser, S. 837), hat jedoch nichts mit seiner vorhandenen, aber andersgearteten kritischen »Einstellung zur Heldin« zu tun. Auch das zweite Deutungs-Extrem – das *»Pro-Emma«*-Extrem kann sich kaum auf Flaubert berufen. Es geht im Grunde auf DE LA VARENDES auch konservative Romanzusammenfassung von 1958 zurück, die die tödliche Tragödie von Charles und Emma recht brutal »eine recht bescheidene Alltagsgeschichte« nannte und Emma ihrem Ehetrottel Charles klar vorzog:

»Eine schöne junge Frau von mehr geistiger als körperlicher Sinnlichkeit heiratet einen Quacksalber ohne Talent und Feuer. Dieser ›Gesundheitsbeamte‹ nimmt sie mit sich in ein armseliges kleines Nest, in dem sie vor Langeweile umkommt. In Tagträumen, in einem geheimen Doppelleben sucht sie einen Ausweg. Sie liebt leidenschaftlich und trifft nur auf Zügellosigkeit; endlich wird sie ein Opfer ihrer ständig überreizten Nerven und geht in der tiefsten Verzweiflung zugrunde.«

Jean de La Varende: Flaubert in Selbstzeugnissen und Bilddokumenten. (Rowohlts Monographien. 20.) Hamburg: Rowohlt, 1958. S. 80.

Die hierauf nun aufbauende Richtung feiert in distanzloser Sympathie Emma als arme, phantasiereiche, nach »Freiheit« lechzende, obendrein emanzipatorische Frau; und allen Ernstes wurde die Frage aufgeworfen, ob Madame Bovary, deren hartes Lebensschicksal die Kettung an einen dumpfen Idioten von »Quacksalber« sein soll, nicht eine »Schwester der Frauenbewegung«[4] sei. Diese Interpretations-Sektion repräsentiert, mittlerweile klassisch, Mario Vargas Llosas *Madame-Bovary*-Studie, die ihren ersten Vorreiter in Baudelaires Rezension von 1857 hatte. Er sei in Emma ›verliebt‹, schreibt Vargas Llosa tendenziös; und für ihn ist sie der strahlende Stern in der finsteren Nacht des Dorfes Yonville-l'Abbaye: »Vor diesem Hintergrund hebt sich die Phantasie Emmas wie Schnee in der Dunkelheit ab« (Vargas Llosa, S. 19).

Das Fragwürdige im Wesen Madame Bovarys (ihre trivialen Gedanken und Projektionen; ihr nicht eben weiches Herz; ihre kleinbürgerlich strukturierten »nach-oben«-Ambitionen; ihr hartes Verhalten gegenüber ihrer Tochter und vor allem gegenüber Charles, auch jenseits des Ehebruchs) erscheint dieser schwärmerisch-romantischen Lese-Haltung als nicht besonders beachtenswert.

Flaubert aber dachte ganz anders über Emma. »Sie ist eine

4 So der Titel eines Aufsatzes von Sigrun Anselm, »Madame Bovary – eine Schwester der Frauenbewegung?«, in: *Aufmerksamkeit. Klaus Heinrich zum 50. Geburtstag*, hrsg. von Olav Münzberg, Frankfurt a. M. 1979, S. 15–21.

etwas perverse Natur, eine Frau der falschen Poesie und der falschen Gefühle […], eine Frau, wie man sie öfters sieht« (an Mlle Leroyer de Chantepie, 30. März 1857; *Briefe*, S. 369 f.). Dieses Urteil macht Vargas Llosa lediglich »traurig« – zum Nachdenken veranlasst es ihn jedoch nicht. In seinem *Madame Bovary*-Buch erweist er sich Emma gegenüber als verblendet – und diese Haltung ähnelt dem falschen, weil ebenso parteilichen Enthusiasmus, den JEAN AMÉRY (1978) Charles Bovary entgegenbrachte – den Vargas Llosa seinerseits genauso missachtete, wie Améry dies der Einfachheit halber in Bezug auf Emma tat.

Sein berühmt gewordenes flammendes Plädoyer machte Charles als den Gutmenschen des Romans aus und nahm ihn vehement, aber völlig überflüssigerweise gegen seinen Autor Flaubert in Schutz, der, wenn man den Roman unvoreingenommen liest, weit mehr auf Seiten Charles' als auf Seiten Emmas steht; Amérys Apologie des von seinem Schöpfer angeblich mit Füßen getretenen einfachen Mannes, den dieser zwanghaft hassen musste, weil er selber ein »grand bourgeois« war (S. 128), ließ den Text von *Madame Bovary* weitgehend außer Acht. Trotzdem war Amérys Fürsprache nicht unwichtig, insofern sie endlich gegen die bis dahin herrschenden Verdikte auftrat, in denen Charles lediglich als »platter, stumpfsinniger Mensch« vorkam (Hardt, 1964, S. 156), als »unbedeutender und eher täppischer Landarzt« (Lämmert, *Madame Bovary*, S. 256), kurz: als »Inbegriff aller Bourgeois-Eigenschaften […], die Flaubert verabscheute« (Starkie, S. 361 f.). Bereits der Flaubert verhasste *Figaro* bereitete den frühen Boden für dieses harte, beinahe allgemeine Missverständnis. »*Le Figaro* beschrieb *Madame Bovary* vernichtend als die Geschichte ›eines einfältigen Arztes und unerträglichen Tölpels […], der seine erste Frau durch seine Trägheit umbringt und alles dafür tut, von seiner zweiten Frau Hörner aufgesetzt zu bekommen‹« (zit. nach: du Plessix Gray, S. 359).

Es war jedenfalls nicht Flauberts Schuld, dass Charles in den meisten Interpretationen vor Améry genau so betrachtet wurde. Festzuhalten bleibt, dass sowohl Vargas Llosa als auch Améry bei ihren ›Analysen‹ in den identischen Fehler verfallen, nur mit umgekehrten Vorzeichen. Sie sehen weder die Ambivalenz im Charakter ihrer jeweiligen Lieblingsfigur, noch können sie diese im Wesen ihrer »Gegenspieler« wahrnehmen. Vargas Llosa feiert Emma und ignoriert Charles; Améry erfindet sich einen neuen Charles Bovary und leugnet die positiven Züge Emmas. Zu begreifen wäre aber, dass sowohl Emma als auch Charles *zwei* von ihrem Erfinder gewollte Seiten haben: Emma ist vom Widerspruch zwischen Bürgerbewusstsein und trivialromantisch verzerrtem Rebellionsgeist gezeichnet. Charles ist ein geistig anspruchsloser, biederer und beschränkter Mann, verfügt aber andererseits über eine seltene Sensibilität, Humanität und Liebesfähigkeit. Und diese Eigenschaften hat nicht Jean Améry erfunden, sondern Flaubert bemerkbar gestaltet. (In diesem Zusammenhang ist es auch von Interesse, dass unter jenen Stellen, die Flaubert für die Romanendfassung strich, sich viele finden, die ein dezidiert positives Licht auf Charles Bovary werfen. Vielleicht wollte Flaubert mit diesen Streichungen eine einseitige Leser-Parteinahme für Charles und damit eine gleichfalls von ihm ungewollte einseitige Verurteilung Emmas unterbinden.)

Vorherrschend ist seit Vargas Llosa in der *Madame Bovary*-Diskussion ohne Zweifel das *»Pro-Emma«*-Extrem – und treibt manchmal komische Blüten. Stellvertretend für diese kann die Ansicht Eberhard Lämmerts zitiert werden, wonach *Madame Bovary* eigentlich »ein Plädoyer für Emma Bovary« enthalte –, weil Emma dem »Erniedrigungswillen ihres Autors« auf eigene Hand ›entwachse‹ (Lämmert, S. 258). Nur: weder will Flaubert seine ›Heldin‹ »erniedrigen«, noch existiert bei ihm jemals ein Gegensatz zwischen Werk und Wille.

Ein Gegenbeispiel solcher Thesen ist in jüngerer Zeit Karl Markus Michel, der Emma zwar zutreffend mit Don Quijote vergleicht, aber das richtige Gewicht, das er auf ihre fatalen Lektüren und ihr absolut neurotisch gestörtes Gefühlsleben legt, schließlich denunzierend, Flaubert- wie Text-fremd wendet:

»Emma wird in Rouen von den Ursulinerinnen erzogen: Tanzen, Zeichnen, Sticken, Klavierspielen, Geographie. Vor allem mystische Geographie. [...]
Eben dies ist das Thema des Romans: der Wahn (Emmas Träume), der an der Wirklichkeit zerbricht. Oder ist es umgekehrt: die Wirklichkeit (Emmas Leben), die an dem Wahn zerbricht? [...]
Ihre Wahnwelt entsteht durch Lektüre. Schon im Kloster liest sie nicht nur fromme Traktate, sondern auch sehr weltliche Romane. Drogen finden immer ihren Weg [...]. Diese Trivialromantik, bald historisch ausgestattet durch Walter Scott, bald orientalisch illuminiert durch bebilderte Almanache, läßt die Klosterschülerin von der großen Welt träumen. [...]
Flaubert sagte einmal, Emma Bovary sei die Schwester von Don Quijote. [...]
Mit dem *Don Quijote* beginnt die Geschichte des neueren Romans, mit der *Madame Bovary* die Geschichte des modernen Romans, und beiden gemeinsam ist das Motiv der Verführung durch Lektüre: durch das Imaginäre. [...]
Könnte es auch für Emma ein Happy End geben, etwa durch den Tod ihres Gatten [! Th. D.] (wie bei Indiana) oder durch eine Entführung (wie bei Juliette Ruyter)? Nein. Das liegt nicht in Emmas Wesen. Sie ignoriert alle in den Romanen enthaltenen Warnungen, alle Katastrophen, in die der Gefühlsabsolutismus die Heldinnen führt. Emmas ›Ideal‹ bleibt ungeschoren. [...]
Nachdem Emma im vierten Jahre ihrer Ehe diese endlich und plötzlich gebrochen hat, Dank sei Rodolphe, identifi-

ziert sie sich mit den Heldinnen der Romane, die sie gelesen [...].
Alles in allem: Emma ist eine dumme Gans, überspannt und gefühlsgeil. [...]
Nach alledem: was bleibt noch übrig von Emma Bovary? [...] Ein Automat scheint sie zu sein [...]. Aber ein Seelenautomat. Ohne Bewußtsein, fast ohne Sprache. [...] Eines Tages geht sie wie wund zur Kirche [...]. Vor dem Portal trifft sie auf den Abbé Bournisien. Gefragt nach ihrem Begehren, setzt Emma neunmal an. Aber es kommt nichts heraus oder nur Floskeln, Interjektionen, Automatensätze. Endlich der Seufzer: ›Mein Gott! Mein Gott!‹ Und auf die Frage des Pfarrers, was ihr fehle, ein blödes ›Warum?‹, dann stammelnd: ›Ich? Nichts ... Nichts ...‹ Das war's. Hätte der Geistliche doch nur ein bißchen Talent zum Verführer gehabt, so wie Rodolphe!«

Karl Markus Michel: Die zwei Naturen der Emma Bovary. Nachwort zu Gustave Flaubert: *Madame Bovary*. München: Artemis & Winkler, 1999. S. 450, 452, 454, 456, 458, 460f.

Die tatsächliche Szene zwischen Emma und dem Abbé Bournisien (Zweiter Teil, Kap. VI, S. 137–141) spielt sich ganz anders ab. Emma setzt mitnichten »neunmal an«, sondern beantwortet gleich die erste Frage des Abbés nach ihrem Ergehen: »›Schlecht‹, antwortete Emma« (138,20). Dann kommt sie nur deshalb nicht zu ihrem Anliegen, weil der Abbé sie nicht begreifen will und kaum zu Wort kommen lässt. Flaubert hat nun ausgerechnet die Produktion dieser Romanszene kommentiert – und zwar diametral entgegengesetzt zum Kommentar von Michel. »Endlich fange ich an, bei meinem verflixten Dialog ein wenig durchzublicken. Doch es gibt ehrlich gesagt Momente, wo es mir beinahe übel wird, *physisch*, so niederträchtig ist der Inhalt. Ich möchte folgende Situation darstellen: In einer religiösen Anwandlung geht meine kleine

Frau in die Kirche. An der Tür begegnet sie dem Pfarrer, der sich in einem Gespräch [...] dermaßen dumm, platt, albern, schmierig aufführt, daß sie angewidert und unfromm wieder umkehrt. Und dabei ist mein Pfarrer ein sehr braver Mann [...]. Aber er hat nur das Physische im Kopf (die Leiden der Armen, Mangel an Brot oder Holz) und erkennt die geistigen Schwächezustände, die unbestimmten mystischen Sehnsüchte nicht« (an L. Colet, 13. April 1853, S. 643 f.).

Besonders am zuletzt aufgeführten Beispiel lässt sich eine Konstante in der wechselhaften *Bovary*-Diskussion seit 1857 illustrieren: der Roman wird fast immer subjektiv statt objektiv gelesen – im offenen Verstoß gegen seine bzw. Flauberts erklärte Ästhetik. »Ist Ihnen schon eine Kritik unter die Augen gekommen, die sich intensiv mit dem Werk an sich beschäftigt? [...] Das gibt es *nirgends*!« (an G. Sand, 2. Februar 1869, S. 206).

VII. Literaturhinweise

1. Ausgaben

a) französische

Madame Bovary. Mœurs de province. 2 Bde. Paris: Michel Lévy, 1857.

Madame Bovary. Mœurs de province. Préface et notice de Maurice Nadeau. Paris: Gallimard, 1972.

Madame Bovary. Préface, notes et dossier par Jacques Neefs. Paris: Librairie Générale Française, 1999. [Zit. als: *M. B.* Neefs.]

Madame Bovary. Édition abrégée. Hrsg. von Karl Stoppel. Stuttgart: Reclam, 2005. (Universal-Bibliothek. 9142.)

Madame Bovary. Nouvelle version précédée des scénarios inédits. Textes établis sur les manuscrits de Rouen par Jean Pommier et Gabrielle Leleu. Paris: Librairie José Corti, 1949.

Plans et scénarios de Madame Bovary. Gustave Flaubert. Présentation, transcription et notes par Yvan Leclerc. Paris: CNRS Eds. [u. a.], 1995.

b) deutsche

Madame Bovary. Ein Sittenbild aus der Provinz. Aus dem Frz. von J. Ettlinger. Dresden 1892. [Dt. Erstausgabe.]

Madame Bovary. Französischer Sittenroman. Erste vollst. dt. Ausg. Aus dem Frz. von Walter Heichen. Berlin: Buchverlag f. Dt. Haus, 1911.

Madame Bovary. Sittenbild aus der Provinz. Aus dem Frz. von Ilse Perker und Ernst Sander. Stuttgart: Reclam, 1972 [u. ö.]. (Universal-Bibliothek. 5666.) [Nach dieser Ausgabe wird hier zitiert.]

Madame Bovary. Sitten der Provinz. Aus dem Frz. von René Schickele und Irene Riesen. Mit Glossar und einem Nachw. von Heinrich Mann. Zürich: Diogenes, 1979 [u. ö.]. [Im Anhang: Drei zeitgenössische Stimmen: Rezensionen von Sainte-Beuve, Jules Barbey d'Aurevilly und Charles Baudelaire.]

Madame Bovary. Sitten in der Provinz. Aus dem Frz. neu übers., mit Anm. und bisher unveröffentl. Passagen aus dem Druckmanuskript von Caroline Vollmann. München/Zürich: Piper, 2005. [Zit. als: *M. B.* Vollmann.]

Madame Bovary. Aus dem Frz. von Maria Dessauer. Frankfurt a. M.: Insel, 1996. (Taschenbuchausg. 2004.)
Madame Bovary. Aus dem Frz. von Walter Widmer. München: Winkler, 1973. Neuausg. mit Nachw. und Zeittafel von Karl Markus Michel. Düsseldorf: Artemis & Winkler, 1999. [Auch als Taschenbuch: München: Dt. Taschenbuch-Verlag, 15 2006.]

2. Weitere Werke Flauberts

a) französische Gesamtausgaben

Œuvres complètes. Préf. de Jean Bruneau. Prés. de notes de Bernard Masson. 2 Bde. Paris: Éd. du Seuil, 1988–91.
Œuvres complètes. Éd. présentée, établie et annotée par Claudine Gothot-Mersch et Guy Sagnes. Bd. 1ff. Paris: Gallimard, 2001ff. – Bisher ersch.: Bd. 1: Œuvres de jeunesse. 2001. (Bibliothèque de la Pléiade. 479.)

b) deutsche Gesamt- und Einzelausgaben

Werke, Briefe, Materialien. 8 Bde. Gesamtred. von Gerd Haffmans und Franz Cavigelli. Zürich: Diogenes, 1977–79. (Diogenes-Taschenbücher.]
Werke und Briefe in Einzelbänden. Bd. 1ff. [10 Bde.] Zürich: Haffmans, 1995ff.

Bouvard und Pécuchet. Aus dem Frz. von Erich Marx. Zürich: Diogenes, 1979.
Lehrjahre des Gefühls. Geschichte eines jungen Mannes. Aus dem Frz. von Maria Dessauer. Frankfurt a. M.: Insel, 2001.
Ein schlichtes Herz. In: Drei Erzählungen. Übers. und hrsg. von Jürgen Rehbein. Stuttgart: Reclam, 1994. (Universal-Bibliothek. 8972.)
Reise in den Orient. Aus dem Frz. von Reinhold Werner und André Stoll. Frankfurt a. M.: Insel, 1996.
Wörterbuch der gemeinen Phrasen. Hrsg. und übers. von Hans-Horst Henschen. Berlin: Eichborn, 2005.

3. Briefausgaben

Gustave Flaubert: Die Briefe an Louise Colet. Aus dem Frz. und mit Anm. von Cornelia Hasting. Zürich: Haffmans, 1995. (Werke. Briefe. Materialien. Bd. 7.) [Zit. als: an L. Colet.]
– Briefe. Hrsg. und übers. von Helmut Scheffel. Zürich: Diogenes, 1977. [Zit. als: *Briefe.*]
– Der Briefwechsel mit Guy de Maupassant. Aus dem Frz. und mit Anm. von Cornelia Hasting. Zürich: Haffmans, 1997.
Gustave Flaubert / George Sand: Eine Freundschaft in Briefen. Hrsg. und erl. von Alphonse Jacobs. Aus dem Frz. von Annette Lallemand, Helmut Scheffel und Tobias Scheffel. München: Beck, 1992. [Zit. als: an G. Sand.]
Gustave Flaubert / Ivan Turgenjew: Briefwechsel 1863–1880. Aus dem Frz. von Eva Moldenhauer. Berlin: Friedenauer Presse, 1989.
Gustave Flaubert: Der Briefwechsel mit den Brüdern Edmond & Jules de Goncourt. Aus dem Frz. und mit Anm. von Cornelia Hasting. Zürich: Gerd Haffmans bei Zweitausendeins, 2004.

4. Forschungsliteratur

Améry, Jean: Charles Bovary, Landarzt. Porträt eines einfachen Mannes. Stuttgart 1978.
Auerbach, Erich: Mimesis. Dargestellte Wirklichkeit in der abendländischen Literatur. Bern/München 1971.
Bertl, Klaus-Dieter: Gustave Flaubert. Die Zeitstruktur in seinen erzählenden Dichtungen. Bonn 1974.
Bopp, Léon: Commentaire sur *Madame Bovary*. Paris 1951.
Dethloff, Uwe: Das Romanwerk Gustave Flauberts. Die Entwicklung der Personendarstellung von *Novembre* bis *L'Éducation Sentimentale* (1869). München 1976.
Du Plessix Gray, Francine: Was wir träumen, wenn wir lieben. Das Leben der Louise Colet – Literatin, Feministin, Geliebte Flauberts. Aus dem Amerik. von Klaus Fritz und Manuela Olsson. München 1995.
Endress, Heinz-Peter: Die Psychologie der Ehebrecherin als künstlerisches Problem bei Gustave Flaubert. (Diss.) Tübingen 1967.

Frey, Gerhard Walter: Die ästhetische Begriffswelt Flauberts. Studien zu der ästhetischen Terminologie der Briefe Flauberts. München 1972.

Friedell, Egon: Gustave Flaubert (1931). In: Über Gustave Flaubert. Essays und Zeugnisse von Guy de Maupassant bis Heinrich Mann. Hrsg. von Gerd Haffmans und Franz Cavigelli. Zürich 1979. S. 248–254.

Friedrich, Hugo: Drei Klassiker des französischen Romans. Stendhal. Balzac. Flaubert. Leipzig 1939. 7., verb. Ausg. Frankfurt a. M. 1973.

Girard, Marc: La passion de Charles Bovary. Paris 1995.

Haehnel, Gisela: Charles Bovary – eine »entwertete« Romanfigur? Aachen 2001.

Hardt, Manfred: Das Bild in der Dichtung. Studien zu Funktionsweisen von Bildern und Bildreihen in der Literatur. München 1964.

Hardt, Manfred: Nachwort zu: Gustave Flaubert: *Madame Bovary. Sittenbild aus der Provinz*. Stuttgart 1972 [u. ö.]. S. 437–453.

Heitmann, Klaus: Der Immoralismus-Prozeß gegen die französische Literatur im 19. Jahrhundert. Bad Homburg [u. a.] 1970.

Kleinert, Annemarie: Ein Modejournal des 19. Jahrhunderts und seine Leserin. »La Corbeille« und Madame Bovary. In: Romanische Forschungen. Bd. 90. Frankfurt a. M. 1978. S. 458–477.

Köhler, Erich: Zum Verständnis des Werkes. Essay zu den »Lehrjahren des Gefühls«. In: Gustave Flaubert: *Lehrjahre des Gefühls. Geschichte eines jungen Mannes*. Aus dem Frz. von Paul Wiegler. Hamburg 1959. S. 314–333.

Lämmert, Eberhard: Gustave Flaubert, *Madame Bovary*. In: ZEIT-Bibliothek der 100 Bücher. Hrsg. von F. J. Raddatz. Frankfurt a. M. 1980. S. 255–259.

Lattre, Alain de: La Bêtise d'Emma Bovary. Paris 1980.

La Varende, Jean de: Gustave Flaubert in Selbstzeugnissen und Bilddokumenten. Hamburg: Rowohlt, 1958 [u. ö.]. (Rowohlts Monographien. 20.)

Lietz, Jutta: Zur Farbsymbolik in *Madame Bovary*. In: Romanistisches Jahrbuch 18 (1967) S. 89–96.

Lottman, Herbert: Flaubert. Eine Biographie. Aus dem Amerik. von Joachim Schultz. Frankfurt a. M. / Leipzig 1992.

Maraini, Dacia: Nachforschungen über Emma B. Aus dem Ital. von Sigrid Vagt. München 1996.

Maupassant, Guy de: Gustave Flaubert (1884). In: Gustave Flaubert: Der Briefwechsel mit Guy de Maupassant. Aus dem Frz. und mit Anm. von Cornelia Hasting. Zürich 1997. S. 329–390.

Naumann, Manfred: Flaubert, *Madame Bovary* und der Realismus. In: Sinn und Form 21 (1969) S. 984–994.

Roloff, Volker: Zur Thematik der Lektüre bei G. Flaubert, *Madame Bovary. Mœurs de province.* In: Germanisch-Romanische Monatsschrift N. F. 25 (1975) S. 322–337.

Starkie, Enid: Gustave Flaubert. Kindheit. Lehrzeit. Frühe Meisterschaft. Hamburg/Düsseldorf 1971.

Thibaudet, Albert: Gustave Flauberts *Madame Bovary.* In: Interpretationen 6. Französische Literatur von Beaumarchais bis Camus. Frankfurt a. M. / Hamburg 1969. S. 92–123.

Vargas Llosa, Mario: Die ewige Orgie: Flaubert und *Madame Bovary.* Aus dem Span. von Maralde Meyer-Minnemann. Reinbek 1980.

Wartburg, Walther von: Flaubert als Gestalter. In: Deutsche Vierteljahrsschrift für Literaturwissenschaft und Geistesgeschichte 19 (1941) H. 2. S. 208–217.

5. Internetseiten

http://perso.orange.fr/jb.guinot/pages/accueil.htlm

vie, œuvres, amis, amours, textes – diese Internet-Adresse bietet eine Vielzahl weiterführender Materialien: Primärtexte des Autors, Interpretationen, literaturgeschichtliches Material zum Autor selbst, seinem Umfeld, den Autoren, denen er freundschaftlich verbunden war (George Sand, Guy de Maupassant, Iwan Turgenjew), zum 19. Jahrhundert insgesamt. Umfangreiche bibliographische Angaben werden regelmäßig auf den neuesten Stand gebracht.

http://www.univ-rouen.fr/flaubert/index.htm

Für Literaturwissenschaftler, Lehrer, Spezialisten: Werke, Biographie, vollständige Korrespondenz, Bibliographie, neueste Veröffentlichungen, Unterrichtssequenzen etc. Unter dem Link zu *Bovary* ist der gesamte Originaltext einzusehen, mit Hyperlinks, welche zu den entsprechenden Stellen des Manuskripts führen; so werden die Stadien der Textentstehung und Varianten zugänglich gemacht.

http://www.alalettre.com/flaubert-madamebovary.htm
Resumee, Urteile über Flauberts Werke, Ausschnitte aus dem Briefwechsel, Zitatsammlung zu *M. B.*, Link zum Gesamttext.
http://www.bmlisieux.com/curiosa/epinard.htm
Plädoyer des Staatsanwalts, der Flaubert wegen Verletzung der öffentlichen Sittlichkeit vor Gericht gebracht hatte, sowie der Text des Urteils.
http://pages.globetrotter.net/pcbcr/flaubert.html
Kritik zu *M. B.* von Baudelaire, als Dokument: Anklagerede des Staatsanwalts.
http://www.robotwisdom.com/flaubert/bovary
Sammlung von weiterführenden Links zur Textgeschichte, zur Vita des Autors, zur Entstehungszeit des Romans, zur Filmographie.